或许，《孙子兵法》的最佳施展舞台不在战场，而在战场之外；最耀眼的也不是它的原生价值，而是它的溢出效应。

——题记

修齐看孙子

—— 从《孙子兵法》中汲取修身齐家智慧

路秀儒 著

山东城市出版传媒集团·济南出版社

图书在版编目（CIP）数据

修齐看孙子：从《孙子兵法》中汲取修身齐家智慧 /
路秀儒著 . -- 济南：济南出版社，2020.8（2023.2 重印）
ISBN 978-7-5488-4440-2

Ⅰ . ①修… Ⅱ . ①路… Ⅲ . ①兵法 – 中国 – 春秋时代
②《孙子兵法》– 研究 Ⅳ . ① E892.25

中国版本图书馆 CIP 数据核字 (2020) 第 148409 号

出 版 人　崔　　刚
责任编辑　陈文婕
封面设计　谭　　正

出版发行　济南出版社
地　　址　山东省济南市二环南路1号(250002)
编辑热线　0531-81769063
发行热线　0531-86131728　86922073　86131701

印　　刷　济南乾丰云印刷科技有限公司
版　　次　2020年8月第1版
印　　次　2023年2月第3次印刷
成品尺寸　170 mm × 240 mm　16开
印　　张　12.5
字　　数　156千
定　　价　52.00元

（济南版图书，如有印装错误，请与出版社联系调换。联系电话：0531-86131736）

走进高情商的孙子 _{（自序）}

两千多年来，《孙子兵法》作为兵学智慧的宝囊，孙子作为兵学智慧的化身，深深地刻在了历世历代人的脑海里。人们在对《孙子兵法》释、学、用的过程中，推崇的无疑是孙子的深邃思想。其实，如果换个视角就会发现，孙子的高情商表现同样值得人们去推崇和追寻。

孙子在如何处理人际关系上，具有天才般的感知力和领悟力。《孙子兵法》对如何做君王、如何做将帅、如何做师长，如何处理君将关系、君民关系、将卒关系、诸侯国间的关系，如何对待战俘、如何对待为间者、如何对待利益攸关者，如何以不拘一格的手段调动部属，如何让民众不惧危险勇往直前等方面的参透与阐释，让大众看到了一个情商是何等了得的孙子。

孙子是一位高位把控、精妙处理人际关系的大师。他离齐奔吴，用一部十三篇的兵法轻轻敲开了吴宫的大门；凭一个"吴宫教战斩宠姬"的举动，让风华正茂、雄心勃勃的吴王阖闾为之折服；抓住一次与吴王"促膝"问对的机会，赢得了在吴国政坛军界的显赫地位。而他在功成名就后出人意料地主动隐退，更彰显出他高人几筹的情商系数，以至连伍子胥这些"大智慧者"们都望尘莫及，自愧弗如。

历览前贤成与败，情商屡是胜智商。人仅有智商而情商不足，智商的潜能则难以得到充分调动，其效力就要大打折扣，甚至会"荒腔走板"。所以，早在两千五百多年前，孙子就曾言："主不可以怒而兴师，将不可以愠而致战。"强调君王将帅要有把握自己情绪的能力。可以这样说，那些高智商与高情商兼而有之的人，才是真正的大智慧者。这或是孙子成为百世敬仰的"兵圣"的关键所在。一手开发智商，一手开发情商，或是人才塑造的应选之策。

《孙子兵法》是一座丰厚的思想和文化宝库，要进一步挖掘它的内存、激发它的潜能，还需要有新的思维、新的视角，而一步步走进孙子的高情商世界或许是个不错的切入点和突破口。

对每个人来讲，修身、齐家虽不是什么轰轰烈烈的事业，但都是人生的"奠基课""必考题"；而要真正把身"修"出境界，把家"齐"出水平，并不是一件轻松可期的事情，这既需要智商的累积与调动，更需要情商的培植与激发。从这种意义上说，让《孙子兵法》走进身心、走入家庭，不仅有益于传统文化的普及应用，也有益于修身、齐家境界和水平的不断提升。

纸上得来未必浅。欲做修身、齐家的高手，不妨品一品孙子的情商之妙，悟一悟《孙子兵法》中的为人处世之道！

衷心感谢山东孙子研究会对本研究课题的扶持与资助，同时也感谢山东城市出版传媒集团·济南出版社诸位老师付出的心血与智慧。

路秀儒

二〇二〇年二月于烟台紫郡城

·目录·

修身悟孙子

跨越千年时空的感悟

"修身、齐家、治国、平天下"，是儒家的经典思想，而这四者之中最基础、最根本的是修身。《礼记·大学》曰："古之欲明明德于天下者，先治其国；欲治其国者，先齐其家；欲齐其家者，先修其身。"《列子·说符篇》中，楚庄王问詹何曰：

"治国奈何？"詹何对曰："臣明于治身而不明于治国也。"楚庄王曰："寡人得奉宗庙社稷，愿学所以守之。"詹何对曰："臣未尝闻身治而国乱者也，又未尝闻身乱而国治者也。故本在身，不敢对以末。"楚庄王曰："善。"

修身之重，跃然可见。那么，如何修身？《孙子兵法》虽是指导用兵的宝典，但也不失为指点修身的圭臬。

一 站点

《孙子兵法》阐明的是战胜攻取之道，传授的是"致人而不致于人"的智慧，但孙子首先让人们看到的是他思考问题、把握战争的一种卓尔不群的站位与视野。正是这种至高的站点，奠定了他那非凡思维层次、智慧等级和建功品位的基础。这对新时代致力于修身的人们来讲，是"不可不察"的。

（一） 国家利益高于一切

《孙子兵法》开宗明义，将战争与军民的死生、国家的存亡联系在一起，告诫人们必须重视战争，必须用极其认真和谨慎的态度来研究指导战争。在《火攻篇》中又进一步指出："亡国不可以复存，死者不可以复生。故明君慎之，良将警之，此安国全军之道也。"《孙子兵法》直接讲到国家得失的就有 9 处之多。这些都生动展现了孙子强烈的国家意识和满腔的爱国情感。

国家利益最大化，是孙子指导战争的最高追求。他在《火攻篇》中十分鲜明地画出了"非利不动，非得不用，非危不战""合于利而动，不合于利而止"的用兵底线，坚决反对"怒而兴师""愠而致战"的轻率行为。对势在必行的战争，他追求的不是"百战百胜"而是"兵不顿而利可全"。孙子在《谋攻篇》中指出："故善用兵者，屈人之兵而非战也，拔人之城而非攻也，毁人之国而非久也，必以全争于天下，故兵不顿而利可全，此谋攻之法也。"在孙子看来，使敌军屈服而不能靠硬打，夺取敌人的城池而不能靠硬攻，灭亡敌人的国家而不能靠久战，一定要以"全胜全得"的原则，去争霸于天下。这样才能实现战争成本最低化、国家利益最大化的目标。孙子在《作战篇》中提出的"役不再籍，粮不三载；取用于国，因粮于敌"的保障原则，同样是出于对国家利益的考量，认为国家之所以因用兵而贫困，是因为远道运输。

"苟利国家生死以，岂因祸福避趋之？"也许有人会问，孙子为逃避内乱而离开自己的祖国齐国，投奔到南方的吴国去建功，为什么他会做出这样看似"不爱国"的选择？其实，从最新的研究来看，孙子离齐奔吴或有隐情。

据《新唐书·宰相世系表》等记载，孙子奔吴的缘由，是为了躲避齐国的内乱，"以田、鲍四族谋为乱，奔吴，为将军。"对此，著名《孙子兵法》研究专家，中国人民大学国学院原副院长、教授、博士生导师黄朴民认为，这似乎不太合情理：田氏是齐国内部斗争的胜利者，最后代替姜氏，成为齐国统治者。作为田氏的支孽，孙子完全可以坐享田氏胜利的成果，而不必跋山涉水，为"避祸"南逃吴国。因此，所谓的"避祸奔吴"之说，似乎从逻辑上讲不通。

银雀山汉墓竹简《孙子兵法》佚文《吴问》篇，记叙了吴王阖闾与孙子之间就有关晋国政局走向所作的详尽分析与精辟预测。对此，黄朴民提出疑问：为什么吴王所关心的对象是晋国，而不是楚国、秦国、宋国、郑国、鲁国、越国，或孙子的故国齐国呢？按理说，孙子自齐奔吴，作为齐人，对齐国的内情最为熟悉，阖闾当率先向孙子询问齐国的政情与战略动态才合乎逻辑，更何况当时还不曾开打柏举之战，争霸中原对吴国来讲，还是十分遥远的愿景，关心与自己遥不相及的晋国政治动态，与吴国又有何干？

　　黄朴民教授认为，吴王阖闾与孙子关心晋国政治生态，与晋楚相争有关。春秋大国争霸的主线是晋楚相争。在这个过程中，远交近攻，从侧翼制衡与打击对手，是大国在争霸中原时热衷于玩的一手，这方面晋国做得尤为老练。晋国出于同楚国争霸争斗的需要，主动与吴国缔结战略同盟，让吴国从侧面打击楚国，以牵制楚国势力的北上。日益强大起来的吴国，正需要寻找大国作自己的后台，以增加自己在列国角逐中的筹码，于是欣然接受晋国的主张，坚决摆脱了对楚国的臣属关系，并积极动用武力，同楚国争夺淮河流域，使楚国陷于两面作战而疲于奔命。吴国与楚国的战略同盟关系，自吴王寿梦开始到吴王阖闾主政阶段，已长达70年有余。吴国要谋求进一步的发展，自然要优先洞察和把握主要同盟者的政治动向，以便赢得战略上的主动，不至于在"押宝"上押错对象。这正如《孙子兵法·军争篇》所言："故不知诸侯之谋者，不能豫交。"

　　齐国在春秋时期大部分时间都是追随晋国与楚国相斗，是晋国争霸大业中的"小老弟"。因此，晋国在扶持吴国之时，也会要求自己最大、最重要的盟国齐国尽自己的能力与资源去帮助、支持吴国。孙子熟悉兵法，胸怀韬略，乃是合适的人选。有鉴于此，黄朴民推测，孙子奔吴很可能是受齐国当局的指使或委派，是使命在身，是出于国家利益的需要。类似于后来楚人范蠡、文种到越国，辅佐越王勾践战胜吴国的情况。（参阅黄朴民《银雀山汉墓竹简〈孙子兵法〉佚文〈吴问〉略论》；《2019中国·苏州〈孙子兵法〉与现代军事思想学术研讨会论文集》，101-103页）黄朴民教授的推测虽是一家之言，但颇有说服力。

　　另外，孙子后来主动隐退，按传统的说法是为了"自保"，但只是一种推断，似乎有悖于孙子的志向与性情。夫差继位后，吴国随着实力的增强，野心进一步膨胀，进而采取了与齐为敌、与晋争霸的战略。吴军在公元前484年的艾陵之战中一举打败齐国的军队；到公元前482年黄池会盟之后，吴国终于取代晋国成为新的中原霸主。司马迁说："北威齐晋，显名诸侯，孙子与有力焉。"孙子力助吴国，反过来又威胁到自己的故国齐国，这是他无法接受的局面。可以说，孙子因自己的故国齐国受到吴国的威胁，而隐退的可能性是很大的。这与《孙子兵法》通篇流淌着的国家意识、爱国情感也是相吻合的。这正是孙子的伟大之处。

国家兴亡，匹夫有责。在国家利益面前，是义无反顾、坚定不移地去捍卫，还是"事不关己，高高挂起"，甚至以牺牲国家的利益来维护自己的私利，这反映了一个人的思想境界和道德水准。2020年面对肆虐蔓延的新冠肺炎疫情，全国人民展现出的团结一心、众志成城、共克时艰的伟大精神，那些奋战在抗疫一线的勇士们展现出的不顾个人安危、舍小家为国家的自我牺牲精神，生动诠释了什么是"国家利益高于一切"，也进一步说明《孙子兵法》所倡导的"国家利益高于一切"的境界与价值观是何等的珍贵！

（二） 全局需要胜于一切

谋划战争、运筹用兵，强调跳出眼前利益的局限，超越一城一地的得失，打破传统利害关系的束缚，谋求整体利益的最大化，是《孙子兵法》的重要立足点。

孙子在《九变篇》中指出："涂有所不由，军有所不击，城有所不攻，地有所不争，君命有所不受。"那么，怎样才能知道哪些可为，哪些不可为呢？最重要的是要站在全局上来审视。抗日战争中，面对国民党军队和其他武装力量的不断挑衅和屡屡制造的"摩擦"，八路军和新四军究竟以什么样的方式进行斗争，选择什么时间、什么对象、什么力度给予还击，都是从统一战线、联合抗日的大局来着眼的；无论是政治斗争还是军事打击，都坚持民族大义为重，从整体上保持了"斗而不破"。又如解放战争中，面对国民党军队对延安发动的重点进攻，党中央、毛泽东没有顾忌所谓的"政治影响"选择坚守，而是毅然决然地放弃延安。蒋介石表面上取得了"重大胜利成果"，但却背上了沉重的包袱，几个回合下来便在西北战场上输得一塌糊涂。这正如《九变篇》所言："是故智者之虑，必杂于利害。杂于利，而务可信也；杂于害，而患可解也。"而利与害的基本参照系，就是全局和整体。

孙子在《九地篇》中指出："夫吴人与越人相恶也，当其同舟而济，遇风，其相救也，如左右手。"这里孙子所要阐明的是，即便是互相仇视的吴国人和越国人，他们同船渡河遇上大风时，为了自己的生命，也会不计前嫌，如左右手一样相互救援。意在告诫用兵者，敢于抛开过去的恩怨情仇，着眼全局的需要来确定和建立同盟关系。当今国际关系中，一些人认为国家间"没有永远的朋友，只有永远的利益"，这是一种自私、狭隘的全局观、利益观。而在孙子看来，没有永远的敌人，只有永远的利益。这无疑是一种充满智慧、可以持续的全局观、利益观。

《用间篇》强调："凡兴师十万，出征千里，百姓之费，公家之奉，日费千金。内外骚动，怠于道路，不得操事者，七十万家。相守数年，以争一日之胜，而爱爵禄百金，不知敌之情者，不仁之至也，非人之将也，非主之佐也，非胜之主也。"这里，孙子突出阐明了吝惜爵禄和金钱，不肯用来重赏间谍而对全局带来的影响和危害。如此严厉的语言，是不多见的。孙子还进一步指出："昔殷之兴也，伊挚在夏；周之兴也，吕牙在殷。故惟明君贤将能以上智为间者，必成大功。"也就是说，要成就大功，一定要舍得把那些智慧高超的人派出去充当间谍，战争全局的需要是最大的需要。

不谋万世者，不足谋一时；不谋全局者，不足谋一域。崇祯十七年（公元1644年），李自成率百万大军进逼北京。朝廷调用吴三桂保卫北京，需要100万两银子的军需。大臣们反复上疏恳请崇祯，希望他能拿出内帑以充军饷。死到临头的崇祯，却一个劲儿地向大臣哭穷："内帑业已用尽。"左都御史李邦华急了，说："社稷已危，皇上还吝惜那些身外之物吗？"皮之不存，毛将焉附？然而，崇祯始终没肯拿出一分一厘来保卫他的江山。一个多月后李自成攻占北京，从皇宫内搜出白银3700多万两，黄金和珠宝还不在其中。就这样，省了100万两，不仅丢了3700万两而且还丢了整个大明江山。由此可见，一个人没有全局意识，是何等的可怕啊！

（三）　政治得失重于一切

站在政治的高度，选择政治的角度，加大政治的力度，谋求政治利益最大化，是孙子研究战争、把握战争的最大特点。据郭化若所著《孙子今译》一书的划分，《孙子兵法》105段，从政治着眼加以阐述的就有20余段，可见分量之重。

《孙子兵法》"讲政治"主要体现在：一是注重用政治视角分析战争、认识战争，开篇就强调"兵者，国之大事，死生之地，存亡之道，不可不察也"。二是注重从民心向背、政治得失判定战事的胜负与取舍，认为"道者，令民与上同意也。故可以与之死，可以与之生，而不畏危"，把"道"作为决定战争胜负的五大因素（即"五事"）之首。三是注重运用政治手段聚能、谋胜，提出了"修明政治，确保法制"的明确主张，论道："善用兵者，修道而保法，故能为胜败之政。"重视"伐政"，即从政治上瓦解敌方，其"伐谋""伐交""用间"的作战韬略，以及"卒善而养之""怒而挠之""亲而离之"的用兵原则，都是从政治上打击敌人的上策、妙招。同时，注重通过"豫交""合交""交合"等手段"合纵连横"，孤立和削弱对手，谋求政治优势。

政治上有深刻独到、高人一等的见解，是孙子的强项和优势，也是赢得吴王阖闾信任与重用的关键所在。1972年银雀山汉墓出土的竹简《孙子兵法》佚文《吴问》，就是对孙子政治上具有远见卓识的最好印证。《吴问》中，记载了孙子对当时晋国六将军（范氏、中行氏、智氏、韩氏、魏氏和赵氏）的评论。他从田税制度的优劣，分析了六将军在民心上的得失，判断他们的消长兴衰，做出了范、中行、智灭亡的次第预测。果然，范氏、中行氏亡于吴王和孙子问对之后6~12年，智氏亡于其后40余年。孙子认为赵氏一族能在残酷的政治搏杀中笑到最后，正如他对吴王所说："至于赵氏家族的情况，则与上述五家大不一样。六将军之中，赵氏亩制最大，以一百二十步为畹，二百四十步为亩。不仅如此，其征收租赋向来不过分。亩大，税轻，公家取民有度，官兵数量寡少，在上者不致过分骄奢，在下者尚可温饱生存。苛政丧民，宽政得众，赵氏必然兴旺发达，晋国的政权最终落入赵氏之手。"孙子的分析切中要害，虽然没能预测到后来的"三家分晋"，但预测到了晋国大致的政治演变格局与趋势，足见其非凡的才华和超强的政治功力。

孙子指导战争很重视政治因素。公元前512年秋，吴王阖闾拜孙子为大将讨伐楚国并初战获胜。这时，吴王想命孙子乘胜进攻楚都郢城。但孙子既注意从军事上权衡利弊，看到楚军的实力仍然很强，自己暴露的弱点很多，部队实在需要休整等情况；同时，又注意从政治上着眼，看到楚国内部的政治还有继续恶化的趋势，破楚的时机还未到来。于是，他说服吴王班师回国。6年后联合唐、蔡两国，顺利破楚克郢。可以说，孙子能成为著名的军事家、军事理论家，与其政治上的远见注定是分不开的。《孙子兵法》是一部兵书，同时也是一部政治智慧教科书。

政治是牵动社会全体成员利益并支配其行为的社会力量，对社会生活各个方面都有重大影响和作用。随着社会的发展，社会成员参与政治生活的深度和广度也随之向前发展，人的社会性更具政治性。人生活在社会中，总要与政治打交道，说话做事总要考虑政治因素。一个人的政治意识、政治立场、政治操守、政治担当、政治能力如何，直接关系到思考问题的眼界和层次，影响和制约人生的走向和未来。在信息泛滥、意识形态领域斗争日趋复杂的当今时代，人们从《孙子兵法》中汲取政治智慧，显得尤为重要。

二 责觉

鲁迅先生说过："这个世界上有许多你不得不去做的事，这就是责任。"捧读《孙子兵法》，总有一种强烈的责任感在胸中升腾。孙子对君王之责、将帅之责的"直敲侧击""响鼓重锤"，时时撞击着人们的心灵，让人生出一种不敢贸然行事、不敢迟疑含糊、不敢松弛懈怠的内在自觉。黄朴民教授曾指出，《孙子兵法》中有一个很特殊的现象，即凡是孙子所认为的最重要的兵学原则，它往往在"十三篇"中出现两次。比如讲"知彼知己"，一是见于《谋攻篇》，一是见于《地形篇》。对此，黄朴民说："这不是简单的重复，不是什么错简，也不是什么衍文，而是一种强调，一个核心命题的浓墨重彩渲染，孙子实有深意存焉！"同样，对战争与军民死生、国家存亡的关系，《孙子兵法》也讲了两次：一是《计篇》的"兵者，国之大事，死生之地，存亡之道，不可不察也"；一是《火攻篇》的"主不可以怒而兴师，将不可以愠而致战；合于利而动，不合于利而止。怒可以复喜，愠可以复悦；亡国不可以复存，死者不可以复生。故明君慎之，良将警之，此安国全军之道也"。前后两次，文字上虽然没有简单的重复，但思想上是重复的。这同样是孙子的良苦用心所在，这是他在反复强调君王、将帅在慎战上的责任。

（一） 知责之深透

说起责任，梁启超曾讲道："人生于天地之间，各有责任。知责任者，大丈夫之始也；行责任者，大丈夫之终也；自放弃其责任，则是自放弃所以为人之具也。"人人都有自己的角色和责任，重要的是要认清自己的角色和责任到底是什么。孙子的睿智就在于，《孙子兵法》对君王、将帅的角色定位与责任做了浓墨重彩的明确。

在定位上，《孙子兵法》对君王的定位重点在"用将"，即"将能而君不御"，要求君王善于放权，尤其身居朝中，不要盲目干预前方的军事行动，说白了就是不要"瞎指挥"。孙子在《谋攻篇》中指出："故君之所以患于军者三：不知军之不可以进而谓之进，不知军之不可以退而谓之退，是谓縻军；不知三军之事，而同三军之政者，则军士惑矣；不知三军之权而同三军之任，则军士疑矣。三军既惑且疑，则诸侯之难至矣，是谓乱军引胜。"孙子认为，授予前方将帅独立的战场指挥权，军中之事皆听命于将，君王不加干预，这是取胜的必要条件之一。《孙子兵法》对将帅的定位，就是服从君王指挥前提下的全权负责与"君命有所不受"。孙子既在《计篇》中强调"将听吾计，用之必胜，留之；将不听吾计，用之必败，去之"，又在《谋攻篇》中指出"将能而君不御者胜"，还在《九变篇》中倡导"君命有所不受"，前后看似矛盾，实则体现了统与放、总与分、原则性与灵活性的高度统一。

在明责上，《孙子兵法》给君王、将帅至少点明了四个方面的责任。

一是慎战的责任。开篇即强调："兵者，国之大事，死生之地，存亡之道，不可不察也。"在《火攻篇》中又进一步强调："非利不动，非得不用，非危不战。主不可以怒而兴师，将不可以愠而致战，合于利而动，不合于利而止。怒可以复喜，愠可以复悦；亡国不可以复存，死者不可以复生。故明君慎之，良将警之，此安国全军之道也。"意在告诫人们，必须高度重视战争，必须用极其严肃和谨慎的态度，研究和指导战争，万万不可轻易言战用兵。

二是全胜速胜的责任。《作战篇》指出："凡用兵之法，驰车千驷，革车千乘，带甲十万，千里馈粮，则内外之费，宾客之用，胶漆之材，车甲之奉，日费千金，然后十万之师举矣。"此足见战争消费之大。又指出："其用战也胜，久则钝兵挫锐，攻城则力屈，久暴师则国用不足。夫钝兵挫锐，屈力殚货，则诸侯乘其弊而起，虽有智者，不能善其后矣。故兵闻拙速，未睹巧之久也。夫兵久而国利者，未之有也。"此足见久战之害。还指出："国之贫于师者远输，远输则百姓贫。近于师者贵卖，贵卖则百姓财竭，财竭则急于丘役。力屈、财殚，中原内虚于家。百姓之费，十去其七；公家之费，破军罢马，甲胄矢弩，戟楯蔽橹，丘牛大车，十去其六。"这足见战争对百姓生活的损害。《谋攻篇》指出："攻城之法为不得已。修橹轒辒，具器械，三月而后成；距闉，又三月而后已。将不胜其忿，而蚁附之，杀士三分之一，而城不拔者，此攻之灾也。"这足见"破战"之难。这些苦口婆心的阐述，意在告诉君王、将帅，"不战而屈人之兵"，尽最大努力避免陷入持久战、消耗战的泥潭，是无法回避的责任所在。

三是尽知深知的责任。"知"，是《孙子兵法》最重要的思想之一。在孙子看来，知敌与否，关键在用间；用间如何，关键在君王、将帅是否舍得在用间上投入，是否能选用最合适的人作间谍。对此，在《用间篇》中有非常深刻的阐释："凡兴师十万，出征千里，百姓之费，公家之奉，日费千金。内外骚动，怠于道路，不得操事者，七十万家。相守数年，以争一日之胜，而爱爵禄百金，不知敌之情者，不仁之至也，非人之将也，非主之佐也，非胜之主也。故明君贤将，所以动而胜人，成功出于众者，先知也。先知者，不可取于鬼神，不可象于事，不可验于度，必取于人，知敌之情者也。"围绕"知地"，《地形篇》两次强调："将之至任，不可不察也。"并指出："夫地形者，兵之助也。料敌制胜，计险阨远近，上将之道也。"

四是谨防"费留"的责任。《火攻篇》指出："夫战胜攻取，而不修其功者，凶，命曰'费留'。"孙子认为，打了胜仗，攻取了土地城邑，却不能巩固战争胜利成果的，就必有后患。既要考虑战胜问题，又要考虑全胜问题是君王、将帅的责任。赢得战场上军事的胜利，仅仅是第一步，赢得政治、赢得经济、赢得民心、赢得和平，达成全胜目标才是"明君贤将"的应有追求。

车尔尼雪夫斯基说过："生命，如果跟时代崇高的责任联系在一起，你就会感到它永垂不朽。"同样，我们要实现人生的价值，就必须把自己的命运与新时代的要求紧紧地联系在一起，运用《孙子兵法》的智慧，在新时代的大舞台中找准自己的位置和责任，明确自己的奋斗方向和目标，努力做一个"不朽"的人。

（二）尽责之周全

《作战篇》强调："故知兵之将，生民之'司命'，国家安危之主也。"《谋攻篇》又进一步指出："夫将者，国之辅也。辅周则国必强，辅隙则国必弱。"要求将帅认清自己的突出地位，对国家尽心尽力，辅佐周全。孙子不仅是"辅周"的倡导者，也是杰出的实践者。孙子在吴国登坛拜将后，参加了指挥吴国征伐徐国和钟吾国的作战，剪除了楚国的羽翼，为下一步大举伐楚创造了有利条件。当吴王阖闾出于速胜心理提出起兵攻打楚国的计划时，孙子考虑到楚对吴在整体实力上还占有一定的优势，于是以"民劳，未可，待之"的理由加以劝阻。不过孙子并不是消极地守株待兔，而是积极运用谋略，主动创造条件，最典型的就是运用"疲楚误楚"的策略方针，实现敌我优劣态势的转换。在这个过程中，孙子作为吴军的统帅之一，戎马倥偬，立下了很大的功劳。

公元前506年，给楚国致命一击的时机终于成熟。是年秋天，楚国大军围攻蔡国，蔡国在危急时刻向吴国求救。另外，唐国国君也因愤恨楚国的侵凌勒索，而主动与吴国通好，要求联吴抗楚。唐、蔡虽是兵寡将微的蕞尔小国，但位居楚国的北部侧背，有重要的战略地位。吴国通过和它们结盟，可以实施战略迂回，大举突袭，直捣楚国腹心。根据孙子等人预先制定的战略目标，吴王阖闾御驾亲征，任命孙子等人为将，发动了自商周以来规模最大、战场最广、战线最长的柏举之战，一举给长期称雄的楚国以非常沉重的打击，从而大大改变了春秋晚期的整个战略格局，为吴国进一步崛起、进而称霸中原奠定了坚实基础。

恪尽职守，呕心沥血，尽忠尽职，倾心竭诚，是做人的本分，也是成事的关键。梁启超说过："人生须知负责任的苦处，才能知道尽责任的乐趣。"《孙子兵法》"辅周"的思想源于中华远古文化，光大于历朝历代，前有周公吐哺，忠于职守，夜以继日，鞠躬君子，殚精竭虑；后有张骞出使西域、不辱使命；还有诸葛亮鞠躬尽瘁、死而后已，等等。其实，每个人都担负着辅佐国家的使命，"不忘初心、牢记使命"，才是新时代的最强音。

（三）　担责之无畏

勇于担当、敢于负责，是《孙子兵法》推崇的一种大无畏气魄、一种品格境界。《九变篇》鲜明地提出了"涂有所不由，军有所不击、城有所不攻、地有所不争、君命有所不受"的思想，特别是"君命有所不受"的主张是划时代、有胆识的，也是非常超前的，以至到战国时期及其以后许多人讲兵法，只讲前四个"有所不"，而讳忌"君命有所不受"，足见当时孙子的眼光和勇气是何等了得！

孙子还在《地形篇》中指出："故战道必胜，主曰无战，必战可也；战道不胜，主曰必战，无战可也。故进不求名，退不避罪，唯人是保，而利合于主，国之宝也。"这段话所要阐明的仍是"君命有所不受"：根据战争规律有必胜把握的，即使国君说不要打，坚持打也是可以的；根据战争规律不能取胜的，即使国君说要打，不打也是可以的。那么，怎样才能做到这一点呢？作为将帅应当具有将国家和民众的利益置于首位，将个人生死荣辱置身度外的优秀品质。这样才能确保在战场上一切都能从客观实际出发，无论是有利情况下的进兵求战，还是不利情况下的退兵避战，勇于机断指挥，敢于担当负责，坚决按照战争的规律而不是盲从上级的旨意行动。当然，如何赢得上级的信任与"授权"，让上级理解、接纳、"容忍"自己的"主见"，更是一门高超的艺术。

粟裕是我军具有卓越指挥才能的将领，也是敢于担当、善于"直谏"的典范。他在担任战区指挥期间，执行上级赋予的作战任务既坚决又主动，不但能站在全局的高度考虑得失利弊、思索本战区作战问题；同时，他总能以发展的眼光和求实的态度分析敌我双方战略态势及其发展趋势，以缜密的战略预测多次向中央军委提出具有真知灼见的战略建议，尤其在解放战争期间多次"斗胆直呈"，为中央军委在重大关头做出正确决策提供了极有价值的参考。比如，解放战争初期，向中央军委"建议华中主力留苏中作战""我各战略区除在战略上应相互配合外，在战役上似乎不应要求一定之配合"。根据粟裕的建议，中央军委改变了原定在全局破裂国民党军向解放区大举进攻之时，我军实行外线出击向南作战的战略方针，形成了战争初期南线先在内线歼敌的作战方针。又如，1946年9月，国民党军队侵占苏皖解放区首府两淮。两淮失守后华中局势即已严重，鲁南局势也非常不利，华中、山东两野战军已经靠拢，敌对我形成半包围态势。当时有两个选择：一是全军入鲁，二是在苏北打一仗再走。粟裕认为，如果我军不能在苏北打一个胜仗就全军入鲁，过早丧失华中，不仅有违军心民意，而且对以后开展苏北敌后游击战争及入鲁作战都不利。"鲁南不保，华中将难于坚持。但华中如不能坚持，则将使我大军局促于鲁中地区更为不利，造成山东莫大困难。为欲挽救此种危局，非集中华野、山野全力以赴不可，为此必须抛开次要，求其主要。"因此，他与华中分局其他领导同志一起向中央军委建议："以集中华中、山东两个野战军攻下宿迁，得手后再向西扩张战果，攻占睢宁、灵璧、泗县……第二步攻占津浦路，配合刘邓包围徐州。"中央于10月13日电示华中和山野领导："你们仍照过去决定，集中山野、华野全军，在淮海地区打几个大仗开展局面，对淮海本身、对鲁南、对苏中、对配合刘邓均好，对将来出大别山转入外线作战亦有利。"10月15日，毛泽东再次复电："陈、张、邓、曾、粟、谭团结协和极为必要。在陈领导下，大政方针共同决定，战役指挥交粟负责。"粟裕这一战略性建议为我军的力量运用和歼敌战场指明了方向。还如，1948年1至4月间，他大胆提出华野三个纵队暂不渡江南进，在中原战场打大歼灭战的建议；1948年9月24日，他"建议进行淮海战役"，在战役发起后适时提出抑留敌重兵集团于徐蚌地区予以歼灭、与敌决战江北等重大建议，等等，多数都被中央军委采纳。（参阅魏代强《论粟裕在解放战争中的战略性建议》）

顺境逆境看襟怀，大事难事看担当。遇事避退平生耻，挺身而出才英雄。敢于负责是一种能力，更是一种品格、一种境界，是积极作为的前提。大是大非面前敢于负责、敢于坚持原则、敢为天下先，应成为每个人的价值追求。

（四） 问责之前移

"问责"一词，本身是个舶来品。对履职尽责不力的，要追责问责，意即权责对等，是政治文明的体现。但 2500 多年前的《孙子兵法》，早就体现了问责的思想，只是没有明确提出"问责"这个概念。

问责通常是在出现失职失责情形时，如果是在战场上，打了败仗甚至要受到军法惩处。不过，《孙子兵法》强调的问责有所不同，最突出的特点是战前问责，而不是吃了败仗再放"马后炮"。《计篇》曰："将听吾计，用之必胜，留之；将不听吾计，用之必败，去之。"意思是说，如果将帅听从指挥，按照计划行动，作战就会取得胜利，就让他继续为将帅，领兵作战；如果将帅不听从指挥，不按计划行动，作战就会失败，就不让他担任将帅。这种前移性的问责，与"亡国不可以复存，死者不可以复生"的思维理念是相一致的。

问责前移，体现的是一种防惩结合的问责理念，重点在防患于未然。问题一露头，而不是等变为现实，就断然出手问责，既有利于避免不可挽回的损失，又对当事人是一种保护。

三　远度

能深远和长远地谋划，方可称得上远度。孙子无疑是一个远度大师，《孙子兵法》彰显出前瞻性思维的张力。《行军篇》指出："夫惟无虑而易敌者，必擒于人。"意思是说，缺乏深谋远虑而又轻敌妄动的人，一定会被敌人所擒。2500多年前的《孙子兵法》能够历久弥新，在万象巨变的时代大变迁中，始终保持强大的生命力、影响力，是与孙子手持穿越时空的"望远镜"看问题分不开的。

（一）　心中有远方

晋代文学家陶渊明所生活的时代兵战四起，政权更迭，民不聊生。他为过民，也做过官；五仕五隐，一生大多生活在逆境之中。为避战乱，他曾两次逃难，仇家一把火又将他那点可怜的家产烧了个精光。他看不惯官场腐败，几度愤然辞职，随之而来的便是家庭生活的更大困境。然而，在他的诗文里找不到怨恨，找不到牢骚，找不到哀叹，反倒有一种恬静。他的万般忧伤在《桃花源记》里化为"土地平旷，屋舍俨然，良田美池，往来耕作，鸡犬相闻，黄发垂髫，怡然自乐"的美妙期盼；他既为世人勾画出了一个理想社会，更设计出了一个人心理的最佳状态。因为占据他心中核心位置的，是诗和远方。

孙子虽然是一位杰出的军事家、军事理论家，但他并不热衷于征战攻取，更不穷兵黩武。因为他的心中同样有诗有远方。他的诗和远方，就是和平。孙子所处的春秋晚期，诸侯割据，战乱频仍，"争地以战，杀人盈野；争城以战，杀人盈城"，中华大地可谓生灵涂炭，民不聊生。孙子早年饱受战争之苦，深受传统思想文化特别是儒家思想文化影响的他，对战争破坏性、危害性的认识在不断强化，和平与战争的美丑价值观在这个过程中渐渐形成，对战争的排斥感在内心深处升腾，并最终占据了主导地位，"和为贵"成为孙子基本的价值取向。他在自己的兵书中极力主张并反复呼吁君王、将帅们，坚持"不战""慎战""少战"，尽力让战争与和平的天平向和平这边倾斜，通过"化干戈为玉帛"或压减战争来扩大和平空间，推进人类和平发展；即便非战不可，也要力争"易战""速战""巧战""微战"，力避恶战、久战、消耗战，最高限度地约束和控制战争行为，最快速地恢复和平，最大限度地减少非和平手段带来的灾难，谋求战争"凶效应"的最小化。

　　为此，孙子在《孙子兵法》中极力渲染用兵的危险和付出的代价。在《作战篇》中提醒人们"故不尽知用兵之害者，则不能尽知用兵之利也"，启发当权者选择和平、非战的手段解决彼此间的争端，不无忧虑地指出："凡用兵之法，驰车千驷，革车千乘，带甲十万，千里馈粮，则内外之费，宾客之用，胶漆之材，车甲之奉，日费千金，然后十万之师举矣。"又说："国之贫于师者远输，远输则百姓贫。近于师者贵卖，贵卖则百姓财竭，财竭则急于丘役。力屈、财殚，中原内虚于家。百姓之费，十去其七；公家之费，破军罢马，甲胄矢弩，戟楯蔽橹，丘牛大车，十去其六。"在《火攻篇》中强烈呼吁："主不可以怒而兴师，将不可以愠而致战；合于利而动，不合于利而止。怒可以复喜，愠可以复悦；亡国不可以复存，死者不可以复生。故明君慎之，良将警之，此安国全军之道也。"鲜明地提出了"非危不战"的主张，强调不要轻言战争，不到危急关头，不到迫不得已的时候，不要选择战争手段。孙子后来在吴国主动辞将归隐，应该说也有反对滥用战争手段、不愿与频繁对外用兵的夫差为伍的因素。

（二） 眼中有远景

作为一名军事家、军事理论家，孙子目光追寻的战争景况，不是司空见惯的尸横遍野、血流成河的惨状，当然也不是他描述的"灾景"："攻城之法为不得已。修橹轒辒，具器械，三月而后成；距闉，又三月而后已。将不胜其忿，而蚁附之，杀士三分之一，而城不拔者，此攻之灾也。"在孙子看来，最理想的战争"景观"，是"兵不顿而利可全"，即"不战而屈人之兵"，也就是不经过直接或激烈的交战而使敌人屈服，我方和敌方都能得以保全。孙子的"保全"思想就是眼中有远景的体现。

"不战而屈人之兵"，是孙子运筹谋划战争孜孜以求的愿景，他认为"是故百战百胜，非善之善者也；不战而屈人之兵，善之善者也。"围绕如何实现这种"全胜"愿景的方法，孙子指出："故上兵伐谋，其次伐交，其次伐兵，其下攻城"，把挫败敌人的战略企图、挫败敌人的外交作为"不战"的范畴，从而为人们提供了实现"全胜"目标的基本途径。

"不战而屈人之兵"，谋求的是一种战争峰值，是一种主观愿望，并不是一件容易做到的事情。毛泽东说过："扫帚不到，灰尘照例不会自己跑掉。"世上轻易认怂服输的毕竟不多，即使实力不济的对手，单纯依靠"伐谋""伐交"往往也是很难实现"不战而屈人之兵"的。但"不战而屈人之兵"并不是天方夜谭，也不是天上星、水中月，可望而不可及，在一定的条件下是可以实现的。解放战争时期，平津战役中北平的和平解放，是在我军攻克天津、大量歼灭华北国民党军队、兵临北平城下的背景下实现的，是"破胜"中的"全胜"。抗美援朝战争中，美国被迫在停战书上签字，更是建立在苦战基础之上的"不战而屈人之兵"。所以说，"不战而屈人之兵"可以是首选手段，却往往不是首选目标，而更像是一种边走边看的"远景"。

（三） 庙中有远算

《孙子兵法》重运筹，《九地篇》强调："是故政举之日，夷关折符，无通其使；厉于廊庙之上，以诛其事。"意思是说，决定战争行动的时候，要封锁关口，废除通行凭证，不允许敌国使者往来；要在庙堂里反复谋划，做出决策。那么，怎么运筹？如何决策？核心是"算"。《计篇》指出："夫未战而庙算胜者，得算多也；未战而庙算不胜者，得算少也。多算胜，少算不胜，而况于无算乎？吾以此观之，胜负见矣。"那么，算什么？如何算？孙子提出要算"五事"和"七计"。《计篇》曰："故经之以五事，校之以计而索其情：一曰道，二曰天，三曰地，四曰将，五曰法……凡此五者，将莫不闻，知之者胜，不知者不胜。""故校之以计而索其情，曰：主孰有道，将孰有能，天地孰得，法令孰行，兵众孰强，士卒孰练，赏罚孰明。吾以此知胜负矣。"

这制胜因素上的"5+7"，摆脱了传统的"算战"陋习，跳出了单纯"就战论战"的狭隘与短视，不仅有硬实力，更有软力量；不仅有自然客观条件，更有主观能动体现。这些需要反复算计的因素，多是带根本性、长远性，正能量足、起持久效应的因素。比如，道、将、法，哪一个方面都是左右着战争走向和结局的重要因素，同时也是关系到国家长治久安的根本因素。通过"庙算"得出的结论、做出的决策，直接影响和决定着国家发展的走势与未来。

（四） 脚下有远行

纸上得来终觉浅，绝知此事要躬行。孙子的深谋远虑，不是停留于运筹谋划层面的"高阁宏论"，而是贯穿于《孙子兵法》通篇的"走家入户"，体现在"从胜利走向胜利"的用兵原则与作战方法之中。这里采撷几例：

——"卒善而养之"。春秋战国时期，屠杀或活埋俘虏是常事，长平之战时，几乎灭掉赵国的白起就曾"坑赵卒四十万"。与此截然不同的是，孙子在《作战篇》中创造性地提出了"卒善而养之"的先进思想，既体现了一种超人的胆识，更是一种超越时代的卓识。优待俘虏，既可动摇和瓦解他们的反抗心理，又可对敌方军队和国家产生震撼，还能够充实壮大自己，实可谓"胜敌而益强"。相反，虐待俘虏，既在政治上、战略上失道失势，也等于种下了仇恨的种子，给自己埋下了"定时炸弹"，日后很可能会遭到严重报复，同时也失去了日后与该交战国"豫交""合交"的基础，可谓后患无穷。

——"修道而保法"。"道"好，才能让人拥护，"故可以与之死，可以与之生，而不畏危。""法"好，才能形成统一的意志和行动，才会有不可战胜的整体威力。所以，孙子在《形篇》中强调："善用兵者，修道而保法，故能为胜败之政。"无论哪朝哪代、哪地哪方，政治不修明、法制不落实，即使一时得势，也难以维持长久。像历史上的李自成、洪秀全，他们"革命"之初可谓风起云涌、势如破竹，但随着不断得势和日益膨胀，他们犯了同一个毛病，就是缺乏"修道保法"，所以他们的"建朝大业"不过是昙花一现，闯王李自成只做了 42 天皇帝，而太平天国也仅存在了 13 年。孙子在《火攻篇》中提醒人们："夫战胜攻取，而不修其功者，凶，命曰'费留'。"可谓一针见血，振聋发聩，只可惜李自成、洪秀全之流无心也无力学到、悟透兵圣孙子的"秘籍"，实在悲哉，悲哉！相反，抱着"进京赶考"心态的毛泽东和共产党人，之所以江山坐得牢，最根本的就得益于长期以来一以贯之的"修道而保法"。

——"择人而任势"。人是最活跃、最能动、最具决定意义的因素，人才兴，事业才兴；人才旺，事业才旺。人是战场上的主角，是赢得战争的关键。孙子在《势篇》中强调："故善战者，求之于势，不责于人，故能择人而任势。""不责于人"，说到底就是信任人、依靠人、不求全责备人，敢于大胆地选人、放手地用人，在挖掘和激发人的主观能动性中，创造和利用有利的态势，形成对敌人的优势。

——"令之以文，齐之以武"。在军队治理上恩威兼施，严慈相济，实现部队整齐划一，是孙子治军的重要思想。《行军篇》指出："故令之以文，齐之以武，是谓必取。"治国与治军是一个道理。古人讲："天下之势不盛则衰，天下之治不进则退。"从历史上看，治理历来不可松弛，文武历来不可偏废。强大的秦朝热衷于推行严刑酷法，但很快就分崩离析；大宋朝采取"崇文抑武"的国策，在带来文化艺术空前繁荣与经济飞速发展的同时，却造成国民性格中尚武精神的逐渐弱化，军队战斗力的持续下降，与"文治"盛行相伴行的则是靖康之耻、北宋灭亡。社会越发展，对文武兼治的要求就越高。党的十九届四中全会通过的《中共中央关于坚持和完善中国特色社会主义制度 推进国家治理体系和治理能力现代化若干重大问题的决定》，对实现"两个一百年"奋斗目标的重大任务，把新时代改革开放推向前进，应对风险挑战、赢得主动，都具有十分重大而深远的意义。这个《决定》的站立点是新时代，着眼点是未来，生动地体现了"令之以文，齐之以武"的思想，特别是"坚持和完善中国特色社会主义法治体系，提高党依法治国、依法执政能力"与"坚持和完善繁荣发展社会主义先进文化的制度，巩固全体人民团结奋斗的共同思想基础"的有机统一，必将把文武兼治的治理实践推进到一个全新的高度。

——"静以幽，正以治"。人们耳熟能详、每每挂在嘴边的"宁静致远"，最早出自西汉初年道家刘安的《淮南子·主术训》。不过，人们记住的多是诸葛亮《诫子书》中的"非淡泊无以明志，非宁静无以致远"。"宁静致远"是说，只有心境平稳沉着、专心致志，才能厚积薄发、有所作为。这与《九地篇》中"将军之事：静以幽，正以治"的思想是一致的。统率军队作战的将领只有沉着冷静而幽深莫测，才能从胜利走向胜利。古代哲学家王夫之对动与静的辩证关系有非常深刻的释解，认为，"静者静动，非不动也""静即含动，动不舍静""动、静，皆动也"。可以说，静是为了更好地动。《孙子兵法·九地篇》收尾之处讲道："是故始如处女，敌人开户，后如脱兔，敌不及拒。"通过一个形象的比喻，深刻而生动地揭示了静与动的辩证统一关系。

四　胸襟

古有诗云："日月胸襟里，江湖度量中""胸襟藏巨壑，人物妙洪钧"。从诗中悟到，一个人有大度量，才会有大视野、大格局，关键时刻才会算大账、谋大利，一生才会建大功、成大业。王国维在《人间词话》中说："东坡之词旷，稼轩之词豪。无二人之胸襟而学其词，犹东施之效捧心也。"作词需要胸襟，用战更不例外，正所谓"天机皆由胸襟出，妙处莫以形迹窥"。孙子作为一位"胸襟五湖与三江"的军事家、军事理论家，他在兵法中不断提醒君王、将帅，既要满腹经纶，又要宽宏大度、虚怀若谷。

（一）　该放权时就放权

孙子认为，君主不能随意干预前方将帅的指挥，否则将后患无穷。他在《谋攻篇》中说："故君之所以患于军者三：不知军之不可以进而谓之进，不知军之不可以退而谓之退，是谓縻军；不知三军之事，而同三军之政者，则军士惑矣；不知三军之权而同三军之任，则军士疑矣。三军既惑且疑，则诸侯之难至矣，是谓乱军引胜。"认为，"将能而君不御者胜"，也就是说，将帅能力强而国君不横加干预的，能够胜利。为此，他主张身居朝中的君主要敢于放手、善于放手，赋予将帅独立的战场指挥权，军中之事皆听命于将，以自己的放手让将帅发挥聪明才智、大展身手。

赵充国是西汉著名的将领和重臣，历仕汉武帝、汉昭帝、汉宣帝三朝，《汉书》称他"沉勇有大节"，毛泽东主席赞他"很能坚持真理"。

公元前61年，居住在今青海湖一带的西羌各部起兵反汉。76岁的赵充国自告奋勇率兵平叛。经过实地调查和分析，赵充国决定采取擒贼先擒王的策略，先集中兵力，击破兵力最强的先零羌，而对罕羌和开羌实行招抚分化的策略。汉宣帝把赵充国的计划交付大臣们讨论，大多数人表示反对，认为应先弱后强，先打罕羌和开羌，然后再与先零羌决战。汉宣帝便下诏令赵充国改变计划。但赵充国上书汉宣帝，一面谢罪一面痛陈用兵的利害。最终，汉宣帝肯定了他的计划。

战局不出赵充国所料，先零羌被击败，罕羌和开羌随即归降。此时，赵充国分析，先零羌受此重创，必将一蹶不振。于是他上书汉宣帝，建议撤走骑兵，实行屯田，戍边的士兵平时垦荒种田，战时出征。这样既可解决军粮问题，又能节省国家开支，以逸待劳，战胜入侵之敌。然而，就在赵充国"留屯田得十二便，出兵失十二利"的奏折将要送出的当口，接到了汉宣帝要他继续进军的诏令。儿子劝他按皇帝的旨意办，不要固执己见冒风险。他不但不听，还斥责儿子对皇帝不忠。结果奏折送上去后，立即遭到汉宣帝拒绝。而"固执己见"的赵充国继续上奏，反复申述自己的意见。双方信函交驰，经历了好几个回合，最后汉宣帝还是接受了赵充国的意见。果然，屯田第二年，西羌各部落便土崩瓦解了。

赵充国为了国家的利益，敢于一次又一次地向皇帝申述意见，委实令人敬佩和仰视。分析起来，这固然源于他的超人勇气和责任担当，也与他谙熟羌人的习性有关，但还有一个不可忽略的因素，那就是汉宣帝的开明。汉宣帝刘询是汉武帝儿子刘据的孙子。当年刘据因巫蛊之祸，全家被诛，唯有当时还在襁褓中的刘病已（即刘询）活了下来。昌邑王刘贺登基两个月因昏庸被废黜后，在民间长大的刘询获朝廷重臣们的一致推荐登上帝位。刘询少时多到京都三辅了解民情，对百姓疾苦和吏治得失有所知晓。在位期间他励精图治，选贤任能，贤臣循吏辈出，全国政治清明、社会和谐、经济繁荣、四夷宾服，史称"孝宣之治""孝宣中兴"，史家称西汉国力在其治下最为强盛，是中国历史上有名的贤君。对年少时的刘询，赵充国一向印象良好，并参与了权臣霍光主导的废立活动。赵充国敢于大胆直谏、反复谏言的自信和底气，最主要的还是来自他对汉宣帝这位贤君的了解和信服。假如汉宣帝不是明君而是刚愎自用的皇帝，赵充国不等反复陈述己见，恐怕早就被革职甚至杀头了，那么，"坚持真理"、建立显赫功勋也就无从谈起了。

（二） 该弃嫌时就弃嫌

东汉末年，曹操、刘备和孙权成为群雄割据最后的胜利者，三人建立的国家形成三足鼎立之势。当时，北方的曹魏十分强大，刘备、孙权两个集团都明白，如果不结盟抗曹就会被曹操各个击破。吴蜀结盟完全是抱团取暖，都有不同的政治目的。但随着刘备取得西川，特别是在汉中定军山斩杀曹操大将夏侯渊后，刘备集团的实力和气势达到巅峰，这时东吴开始变得不安起来。于是孙权在关羽与曹仁在樊城杀得难解难分时，在背后给了关羽致命一击，派吕蒙偷袭荆州得手，关羽父子也落入东吴之手，为孙权所杀。后来张飞、刘备都死在东吴手上，吴蜀名义上虽结盟，可实际上两国已经是死仇一般的关系。

随着关羽、张飞、刘备等"开国元勋"的先后离世，蜀汉的实力受到严重削弱，越来越受到吴国的轻视，而受到吴国支持的雍闿

修齐看孙子

等人开始在蜀国作乱；与此同时，魏国一直在拉拢吴国，并督促孙权把儿子送过去作人质，局势对蜀国十分不利。此时，诸葛亮非常担心吴国受魏国的挑拨进兵蜀地，一直想放弃前嫌，与东吴缓解关系。于是在公元223年10月派邓芝到东吴，当面向孙权陈述利害，从而说服孙权当场和曹丕断交，和蜀国再次结盟，并派遣使者到蜀国访问。内忧外患中的蜀国，一边安定内部、发展经济，一边与吴国恢复友好关系，便很快走出危难边缘，走向正轨。

抗日战争时期，陈毅带领新四军进入经济文化发达、敌人控制严密的苏北地区，在远离中央红军、无法得到策应的情况下，广泛结交友军，千方百计争取大多数，分化瓦解敌伪力量。和友军发生摩擦时，他教育部队主动让些地盘，并赠送给友军一些枪支，友军称他有"大将风度"，从而获得友军的信任与支持。当顽固派向新四军进攻的时候，友军主动为新四军提供方便条件，使新四军很快歼灭了敌人的精锐部队，打开了苏北抗战的新局面。

陈毅与诸葛亮坚持和运用的这些政策与策略，具有异曲同工之妙，在《孙子兵法》中都可以得到生动的释解。《九地篇》指出："夫吴人与越人相恶也，当其同舟而济，遇风，其相救也，如左右手。"孙子主张在大局之下、共同利益面前，即使是之前有怨有仇的对手，也应放弃前嫌，联起手来一致对外，共克时艰。

（三） 该割舍时就割舍

《九变篇》曰："涂有所不由，军有所不击，城有所不攻，地有所不争。""有所不"，就是敢于割舍，舍得割舍，用毛泽东的话说就是"不计较一城一地的得失"。《军争篇》讲："故用兵之法，高陵勿向，背丘勿逆，佯北勿从，锐卒勿攻，饵兵勿食，归师勿遏，围师必阙，穷寇勿迫，此用兵之法也。"这7个"勿"、1个"必"，虽说得有些绝对，但阐明的是一个道理：要有所舍。有"缺"有"阙"，或是一种常态。

晚清重臣曾国藩是一个不甘平庸的人，一生不懈地向着修学进业的峰巅乃至极致孜孜以求。他一生创造的业绩可谓骄人无比：一是带领湘军剿灭了太平天国运动，稳住了摇摇欲坠的清王朝政权；二是开辟了洋务运动，推动了近代中国的改革。而在追求至高、至精、至善的同时，有一种思维左右着他，那就是"求阙"。他深知"日中则昃，月盈则亏""斗斛满则人概之，人满则天概之"的道理，担心盈满则衰、过则成灾，推崇"花未全开月未圆"的境界，为自己的书斋取名"求阙斋"。曾国藩"求阙"并不是心里想想、嘴上说说、做做样子而已，而是实实在在付诸行动，防止出现"天概"之祸。

在太平天国的威胁之下，清王朝对曾国藩及其湘军是既不放心又离不了，既利用又掣肘。特别是随着太平天国的逐步式微，以及湘系势力的日益壮大，这种猜疑防范之心也进一步彰显出来。这一点，曾国藩比谁都清楚。为此，他的策略既不是"争"，也不是"辩"，而是"让"：让功，每战下来，他都要把首功推给别人，甚至让给与他素有不和的湖广总督、满人官文；让势，湘军攻占太平天国"首都"金陵不久，曾国藩就马上奏请朝廷，主动提出裁撤湘军主力；让位，与太平天国的主要战事一经结束，就替弟弟曾国荃向朝廷申请开缺回籍，让这个以贪著称的弟弟功成隐退；让理，对朝廷的有意刁难和满汉对手的无故挑衅，常常采取息事宁人的做法，用他的话说就是"打掉牙，和血吞"。通过这一系列"让"的举措，逐步打消了朝廷对他的猜疑和不安，从而保住了湘系势力的地位，保住了整个家族的荣耀，也抬高了自己的人气，并在险象环生的晚清政坛得以善始善终。

古人讲，舍得、舍得，有舍才有得，小舍小得，大舍大得，不舍不得。对诸如此类的道理，明白的人或许很多，但一事当前能够做到的却很少。为什么？皆缘于胸襟的掣肘与作祟！

跳出"壶中"看日月，走出"洞里"听风雷，不怀小肚鸡肠，不拘小恩大怨，不为情绪所累，以大度求大为，这或是《孙子兵法》为君为将之道的应有之义，也是人们修身的必选之课。

五　破立

守正创新是孙子的鲜明个性，《孙子兵法》通篇张扬着一种英雄气，字里行间既流溢着传统文化、上古兵法的精髓，又流露出敢破敢立的非凡胆魄。这种破立之勇，正是新时代最需要的一种精神。

（一）突破"卜筮占验"的定式，倡导"必取于人"

在孙子生活的时代，卜筮占验之风依然盛行，人们往往依据卜筮的结果判定胜负之数，择定作战日期。孙子坚决反对这种做法，认为一切求神问卜的行为都是迷信，毫不足取。在《用间篇》中鲜明地提出"先知者，不可取于鬼神，不可象于事，不可验于度"，指出正确的方法应该是"取于人，知敌之情者也"。这实际上是在突出强调人在掌握敌情上的主观能动作用，充满了朴素的唯物精神，摆脱了当时笼罩在兵学思想界的神怪诡谲迷雾。在我国古代思想家中，像孙子这样公然否定鬼神之说的极为罕见。

历史上，在人们的心目中，"神"具有至高无上的地位，"鬼"具有无限量的魔力，人们对鬼神不仅崇拜有加，而且敬畏无比，许多情况下既要求助于鬼神，同时也不敢冒犯鬼神，生怕招来报应、带来祸患。因此，烧香磕头、献礼拜鬼，是一项异常严肃的事情，王侯将相、平民百姓均不敢含糊和敷衍。孙子站在时代发展的最前列，反其道而行之，旗帜鲜明地阐明自己的"逆世"思想与观点，大声疾呼"取于人"而不可"取于鬼神",主张军队在战争活动中"禁祥去疑",禁止各种妖言惑众的东西,解除士兵心里的疑虑困惑,切实体现了难能可贵的科学精神和大无畏气概。

(二)突破"兵凶战危"的定理,倡导"先发制人"

中国自古素有"兵凶战危""止戈为武"之说。"不战而屈人之兵,善之善者也",孙子的这一至理名言,深刻反映了古代中国军事传统的重要特征。对此,法国学者弗朗索瓦·于连在《迂回与进入》一书中这样写道:"我们看到,战略反映了中国思想的某些最根本选择,它立于理论,赋予其他许多思想领域以形式。然而,如果在中国存在一个所有古代兵书都坚持的基本原则,那就是避免与敌人直接发生冲突。"

尽管孙子是"不战而屈人之兵"的大力倡导者,并旗帜鲜明地认定"伐兵""攻城"绝非上策,但他并不一概否定战争;他既反对穷兵黩武,又毅然突破传统的"兵凶战危"之说,把战争作为不可避免的历史和社会现象来认真研究、积极对待,作为解决诸侯国之间矛盾问题和利益纷争的有效手段来选择。在对待战争问题上,孙子既表现出"慎战"的一面,又毫不掩饰地摘掉"矜持"的面纱,表现出主动、强势的一面。《孙子兵法》说到底是一部探究进攻作战的兵书,在孙子的战略思想里面,非常突出的一点就是先发制人,认为打仗不能被动地应战,必须主动地进攻,提出"攻其无备,出其不意""善攻者,动于九天之上""并敌一向,千里杀将"等一系列主动进攻的思想,力求在进攻、进攻、再进攻中把握主动,速战速决,取得最大的成果,更好地实现战争的目标。

（三）突破“耻于言利”的定律，倡导“非利不动”

孙子生活在鲁国的近邻齐国，年代稍晚于孔子，其思维与思想难免要受到中国古代核心文化儒家文化的影响。但是，儒家厌恶讲利，“耻于言利”。孔子说：“君子喻于义，小人喻于利。”孟子说：“王何必曰利，有仁义而已。”宋朝朱熹更进一步提出“存天理，灭人欲”。这虽反映了中国古代文化的传统认知，但违背了人的本性与战争的本质，正如司马迁后来所说：“天下熙熙，皆为利来；天下攘攘，皆为利往。”

对儒家“耻于言利”的思维理念，孙子的可贵之处就在于没有盲从，没有冒充道貌岸然的“君子”，没有惧怕留下“小人”的骂名，而是表现出超乎寻常的理性和深邃。他从战争的内在规律出发，提出以利驱动的用兵原则，把基本的衡量标准定在“非利不动”“合于利而动，不合于利而止”上，旗帜鲜明地讲利、求利、逐利。

对于孙子这一思想的形成，黄朴民教授在《新读〈孙子兵法〉》一文中分析指出：“从道德的意义上讲、人道的意义上讲，战争是不应该有的，但是从历史发展的角度讲、从实际的利益来讲，战争又是不可以没有的。那么孙子他要解决的问题，就是如何使道德和功利取得一个平衡点，找到一个结合点，统一起来。”这个平衡点是什么呢？就是利与义的融合。孙子在重利的同时，也很讲道义，他强调的“上兵伐谋”、不提倡的“伐兵”、反对的“攻城”，就是要求用最小的损失、最少的人员伤亡来取得最大的战争效果；他反对虐待俘虏、屠杀俘虏，提出“卒善而养之”的优待俘虏政策，等等。这些都包含了难能可贵的人道主义主张，反映了《孙子兵法》思维既有“利”的追求，又把守道德的底线。

（四）突破"仁者不诡"的定规，倡导"兵以诈立"

古代中国的军事传统一向认为，仁者无敌于天下，有德者无往而不胜，要显威必先立德。许多著名将帅，带兵打仗颇为看重忠、义、信三字。在宋襄公以前的时代，战争里人都是非常温文尔雅的，大家都是彬彬君子。宋襄公规定，在战争中不杀上了年纪和未成年的敌军将士，不进攻半渡中的敌军部队，虽是"蠢猪似的仁义"，把"仁"绝对化了，但这种战争不是宋襄公一人的发明，而是当时整个社会潮流背景下的一种战争形态，是军礼传统下的一种必然产物。在这种时代条件下，诡诈无疑是没有"市场"的。因此，在一些儒家学者看来，仁信与诡诈是水火不相容的，仁者不诡，诡者不仁。如荀子就认为："仁人之兵，不可诈也。"

孙子毕竟不是凡人，他或许被宋襄公的"愚仁"逻辑、可悲下场所刺痛，毅然决然地走出这一传统的思维定式，直言不讳、大鸣大放地宣传"诡诈"之道，从而推动了战争形态的演变发展。正如黄朴民教授在《从宋襄公到孙武子——古代战争形态的变化》一文中所言：在中国的军事领域，自从宋襄公死了之后，贵族文化就断种了，小人文化崛起。战争也由军礼传统下的温文尔雅向诡诈转变……总结概括这些新的诡诈战术规律、运用原则的军事著作随之出现。这就是我国最伟大的军事著作《孙子兵法》的诞生。

孙子虽讲诡道，但没有摒弃仁义。他认为，"仁"与"诡"是既对立又统一的矛盾关系，并非水火不容、不可调和。他既宣扬"兵者诡道""兵以诈立"的思想，研究提出施计用诈之道，又讲仁爱，提出"仁"是将帅必备的五大条件之一，在《用间篇》中强调"非仁义不能使间"。他认为，战争指导者在对敌斗争中施行诡道，是由战争的特殊规律决定的，不使用计谋就无法取得战争的胜利，而将帅打不赢战争就是对国家、对君主、对民众的最大不仁，"不知敌之情者，不仁之至也"。这是因为，失败者不仅要亡国失地，还要沦为胜利者的奴隶，甚至带来整个民族的灭顶之灾。对此，于汝波在《〈孙子兵法〉以"胜"为核心的战略理论体系》一文中指出："《孙子兵法》的诡是'仁诡'，而非不仁之诡，《孙子兵法》的仁是'智仁'，而非迂腐之仁。二者互相界定，互相为用，以取得和保持战争的胜利为目的。这就是《孙子兵法》的仁诡辩证法统一思想。"

儒家的"仁者无敌"论固然非常正确，而从实际看，只有把仁信与诡道有机结合起来，把握好二者的平衡点，才可能真正达到无敌于世的境界。东汉末年刘备之所以能形成"气候"，成为"三足鼎立"中的一足，靠的就是刘备之"仁"与诸葛亮之"诡"的完美结合，而后来蜀汉之所以走下坡路直至亡国，症结之一就是"仁度"和"诡度"都下降了。据分析，一代枭雄曹孟德之所以没有最终统一中国，"诡"有余而"仁"不足也是一个重要原因。

（五）突破"德者不掠"的定识，倡导"胜敌益强"

人无德不立，军无德不威，国无德不盛。春秋鲁卿大夫穆叔有言，做人当"三不朽"，即"太上有立德，其次有立功，其次有立言"。但战争毕竟是人类一种特殊的社会活动，孙子从战争的本质要求出发，毅然挣脱传统的"德律"。顶住舆论压力，鲜明地提出了"掠乡分众，廓地分利"的用兵思想。在《作战篇》中强调："因粮于敌，故军食可足也。""故智将务食于敌，食敌一钟，当吾二十钟；萁秆一石，当吾二十石。"在《九地篇》中强调，"重地则掠"，"凡为客之道……掠于饶野，三军足食"。在孙子看来，战胜敌人，保护自己的国家和民众，才是硬道理。取之于敌、用之于己，既经济划算，又能满足战争需求，合道合德，无可厚非。

（六）突破"婴儿之爱"的定执，倡导"投亡后存"

孙子强调仁慈与爱兵，在《地形篇》中强调："视卒如婴儿，故可与之赴深溪；视卒如爱子，故可与之俱死。"孙子这种爱兵理念，与司马穰苴、吴起等古代军事家是一脉相承的。但是，孙子对士卒的仁爱，并没有限定在"婴儿之爱""父子之爱"上，他既超出了前人司马穰苴的境界，并且让以爱兵著称的后来者吴起也难以企及。

孙子突破一般意义上关爱部属的传统思想理念，在《九地篇》中独具特色地提出"登高而去其梯""深入诸侯之地"而"焚舟破釜""投之亡地然后存，陷之死地然后生"的思想，认为使士卒失去退路，才能让他们拼死作战；把士卒置身于亡地，才能保存自己；使士卒陷身死地，才能死中求生。对这些思想后人有一定争议，在一些人看来似乎不可思议，没有什么道义可言。实际上，这里面有很高的用兵哲学，蕴含着深层次的爱兵思想。带兵者固然需要关心士卒的饥饱冷暖、伤病疾苦，但唯有孙子这种把日常之爱与生命之爱、个人之爱与国家及家庭之爱、眼前之爱与长远之爱有机地统一起来的爱兵观念，才是大视野、高层次的追求，才真正称得上"善之善者也"。

（七）突破"多多益善"的定见，倡导"兵非益多"

古代作战，主要靠兵力数量和"人海战术"取胜，故有"多多益善"之说，以至延续到当代，即使在 20 世纪后期，世界上仍有许多国家的军队不同程度地靠数量规模谋优、补劣。然而，孙子毕竟是"兵圣"，早在 2500 多年前就果断地摒弃了"兵多益善"的思维理念，创造性地提出了"兵非益多"的精兵思想，认为用兵打仗，绝非简单的兵力投入和使用，并不是兵力越多越好，在一定的兵力基础上，关键要看作战指挥怎样，看能否准确判断敌情，集中使用兵力，通过高超的调兵遣将艺术战胜敌人。

孙子关于精兵的思想，贯穿于《孙子兵法》的思想体系之中。比如，他基于对吴国的敌国——越国的情况分析研究，在《虚实篇》中断言："以吾度之，越人之兵虽多，亦奚益于胜败哉？"孙子认为，越国军队虽多，然而不知众寡分合的运用，这对战争胜利的取得毫无补益。又说："敌虽众，可使无斗。"在他看来，敌人虽然众多，但通过有效之策，可以使它无法与我作战或发挥不出应有的作战能力。当然，这离不开己方将帅高超的谋略与得当的指挥。

孙子"兵非益多"的精兵思想，并不是否定实力的作用，而是强调在一定的实力条件下，通过精妙的兵力调动与使用，形成局部的力量优势，凭巧力而不是蛮力取胜。他在《虚实篇》中提出了专分命题，指出："故形人而我无形，则我专而敌分。我专为一，敌分为十，是以十攻其一也，则我众而敌寡。能以众击寡者，则吾之所与战者，约矣。"我方即使兵力总体上不占优势，而在局部形成我以十攻一的态势，那岂有不胜之理？这便是孙子高人一筹的地方。

毛泽东是驾驭战争、指挥作战的高手。无论是国内革命战争还是反侵略战中，在总体兵力处于劣势的情况下，毛泽东都十分注重在大范围的战略战役机动中集中优势兵力，在高超的分散聚合中调动敌人、寻找战机，在局部形成以多击少之势，从而创造了无数个以劣势兵力战胜优势兵力之敌的成功战例，达到了师孙子而远超孙子的境界，在更高的层次上深刻诠释了《孙子兵法》"兵非益多"的思维理念。

（八）突破“常规”“正矩”的定论，倡导“无法”“无政”

孙子在《九地篇》中提出：“施无法之赏，悬无政之令，犯三军之众，若使一人。”意思是说，施行不合惯例的奖赏，颁布不拘常规的号令，指挥全军就如同使用一个人。这种“无法”“无政”，充分体现了孙子用兵不循规蹈矩的创新精神与创新思维。对于如何才算“无法”“无政”，孙子接着做了很好的诠释：“犯之以事，勿告以言；犯之以利，勿告以害。”他要求，向部下布置作战任务，但不说明其中的意图；统率士卒，只说明有利的条件，而不告诉他们行动的危害。对此，许多人将此视为孙子论兵的瑕疵，这种理解方式反映了无法克服的时代局限性。恰恰相反，这其中彰显的则是孙子的胆识与创见。

宋朝时期的武学博士何去非在其所著《何博士备论》一书中讲道：“不以法为守，而以法为用；常能缘法而生法，与夫离法而合法。”这与千年前的《孙子兵法》思想是相一致的。孙子在《计篇》中总结提出“诡道十二法”后，就明确指出：“此兵家之胜，不可先传也。”这都深刻揭示了“无政”“无法”的用兵思想。

孙子的破立之勇，不仅彰显了他非凡的创新意识、创新能力，也体现出一种非常难能可贵的思维，那就是批判性思维。自古以来，多数人对权威思想、权威人士通常是顶礼膜拜，最为缺乏的恰恰是质疑的勇气和批判性思维。当代著名生物学家施一公在清华大学当教授时曾讲过这样一件事，他说：“我的博士生导师在 33 岁已是正教授、系主任。有一天我们开组会，他看起来特别激动，说今天我给大家演示我的一个想法，希望大家帮我看看，有什么问题提出来。他开始写公式，满满一黑板的推演。我哆哆嗦嗦地举起手说，我想说有一处错误。我说完，所有同学说我错了。其实，我发现导师在我说出我的第一句话时，他的脸就红了。导师说今天的组会到此为止。大家觉得我顶撞了老师，没人理我。下午一点，导师找到我说，你学士是在哪个大学念的，我说清华大学。他说我不关心你来自哪个大学，我关心的是你学得非常好，你的大学老师也一定是一位大家。这段公然鼓起勇气，用自己所学纠正系主任兼实验室导师的学术错误的经历，在我的科研路上给予我无限自信，至今对我仍有很大影响。"从施一公教授的经历和感受中可以看出，批判性思维对一个人的成长和事业发展是何等重要！

六　分寸

孙子言兵谋战，追求一种不偏不倚、不走极端、恰到好处的境界。这与儒家"无过无不及"的中庸思想是高度一致的。朱熹指出："中庸者，不偏不倚，无过不及，而平常之理，乃天命所当然，精微之极致也。"冯友兰《中国哲学简史》在解释《易经》时说："事物若要臻于完善，若要保住完善状态，它的运行就必须在恰当的地位、恰当的限度、恰当的时间。《易》的卦辞、爻辞，把这种恰当叫作'正''中'。"《孙子兵法》提出了一系列新思想新观点，同时也反对片面，拒绝偏激，没有过于趋向和执着于某一端，致力在对立统一中谋求一种"适度""正好"。

（一）　攀高就低

"不战而屈人之兵"，是孙子用兵的理想境界，即不经过直接或激烈的交战使敌人屈服于我方的意志，我方和敌方都得以保全。为此，孙子提出了"上兵伐谋，其次伐交，其次伐兵，其下攻城"的思想。"伐谋"，就是通过强有力的战略威慑，挫败敌方的战略意图，让其主动放弃战略诉求。《虚实篇》曰："敌虽众，可使无斗。""伐交"，一方面就是通过外交手段，破坏敌人的联盟，让敌对国失去挑战我方的实力和胆量。《九地篇》强调："夫霸、王之兵，伐大国，则其众不得聚；威加于敌，则其交不得合。"在这里，

"伐兵"也是有分寸、有限度的，是为"伐交"服务的。另一方面，通过外交上的运筹博弈、讨价还价，实现利益交换、双方共赢，消除敌意、和平共处，甚至变敌为友、为我所用。《九地篇》曰："夫吴人与越人相恶也，当其同舟而济，遇风，其相救也，如左右手。"

　　"伐谋""伐交"好是好，但毕竟是单方面的愿望和追求，不一定能实现"不战"的目标。对方"不买账"怎么办？因此，孙子虽然把"伐兵""攻城"列为下策和下下策，但并没有一概反对或将其"拉黑"，作为"不可选"之策。应该说，《孙子兵法》的主体还是"伐兵"之策；而对于"攻城"，《谋攻篇》虽然列出的"罪状"赫然在目："修橹轒辒，具器械，三月而后成；距闉，又三月而后已。将不胜其忿，而蚁附之，杀士三分之一，而城不拔者，此攻之灾也。"但孙子还是坦承："攻城之法为不得已。"言外之意，攻城也是一种选项。

（二）求正纠偏

　　伯夷、叔齐，是孤竹国国君的两个儿子。他们听说西伯昌善待尊养老人，就去投奔他。适逢西伯昌去世，其子周武王追尊西伯昌为文王，用战车载着他的木制灵牌，东进攻伐商纣王。伯夷、叔齐拉着马缰劝谏说："父亲死了不安葬，接着就大动干戈，可以说是孝吗？作为臣子去诛杀君主，可以说是仁吗？"武王身边的卫士要杀他们，姜太公说："这是讲道义的人啊。"便搀扶他们离开。周武王平定殷王暴政后，天下尊奉周室，但伯夷、叔齐以此为耻，坚持道义不吃周朝的粮食，隐居在首阳山，并以诗歌明志，后来连山上的野菜也拒绝食用，最终饿死在山里。伯夷、叔齐受到孔子的赞扬，被后世奉为忠孝节义的典范。太史公司马迁推崇他们，将其写入《史记》，作为七十列传的首篇。

伯夷、叔齐宁可饿死也不吃"嗟来之食"的气节，固然令人敬佩，但这并不能掩盖他们的迂腐。商纣王暴虐成性，残害黎民，再继续维护这位暴君的统治已无德无仁可言。天下大势浩浩荡荡，顺势则昌，逆势则亡。用暴力推翻暴政，"顺乎天而应乎人"，已成为历史的必然选择。伯夷、叔齐不分是非曲直，一味死守他们所谓道义的老框框、老套套，誓死不接纳以周武王为代表的先进势力，如此僵化的"气节"背离时宜，岂不悲哉！伯夷、叔齐尽管受到孔子的赞扬，而实际上他们偏离了儒家的中庸思想。

反观孙子，在把握"好"的尺度上确实令人折服。孙子重视将帅品德修养，在《计篇》提出"智、信、仁、勇、严"的五条标准；在《地形篇》提出"进不求名，退不避罪，唯人是保，而利合于主"的明确要求。同时，在《九变篇》又提出戒"五危"之说，认为："将有五危：必死，可杀也；必生，可虏也；忿速，可侮也；廉洁，可辱也；爱民，可烦也。凡此五者，将之过也，用兵之灾也。覆军杀将，必以五危，不可不察也。"从修"五德"到戒"五危"，孙子给人们传递了一个怎样的信息呢？那就是做事情不能过分求"好"，过了就会成为"癖"，甚至会走向事物的反面，正所谓"真理前进一步就是谬误"。在孙子看来，奋勇杀敌是必要的，但要反对孤注一掷的匹夫之勇；保存自己是没错的，但要反对那种偏重保存实力、保护自己的消极怠战行为；战场上义愤填膺、同仇敌忾是对的，但要防止情绪失控，落入敌人圈套；保持廉洁的美名无可厚非，但要防止为名分所累、被敌人所用；爱民是应该的，但不能一味"爱民"影响整体和大局，而使国家和人民遭受更大的损失。

（三）趋利避害

凡事有利就有害，有得就有失，趋利就意味着容害，而且往往是求利越大，危害也越大。就像吃药治病，药效越快、越好，往往副作用就越大。做任何事情都需要在利与害的相权中找到一个平衡点，找到一个"最大公约数"，以谋利的"正好"，实现获利的最大。就像足球比赛，加强场上的进攻，势必要弱化场上的防守；反过来说，进攻往往又是最好的防守，防守往往也是为了更好地进攻（防守反击）。因此，投入多大的攻击力量，投入多大的防守力量，既有一定之规，又需要根据球队的实力和对手的情况，具体而灵活地部署与调遣，而这里的核心与关键就在于保持攻守平衡。这就要看主帅的场上指挥调度水平与队员的领悟应变能力。

"权"，是孙子思维的基点之一。孙子主张"趋利"与"避害"两相虑、一体权，在"趋"与"避"的平衡中求"中正"，反对不计其害一味求利、不计成本盲目逐利，也反对只"趋利"不"容害"。他在《军争篇》中指出："故军争为利，军争为危。举军而争利，则不及；委军而争利，则辎重捐。是故卷甲而趋，日夜不处，倍道兼行，百里而争利，则擒三将军，劲者先，疲者后，其法十一而至；五十里而争利，则蹶上将军，其法半至；三十里而争利，则三分之二至。是故军无辎重则亡，无粮食则亡，无委积则亡。"为此，他又在《九变篇》中强调："智者之虑，必杂于利害。"

（四）柔举刚随

"兵形象水"，是《孙子兵法》体现的战略与策略，既有水的柔顺包容之性，即所谓"水因地而制流"；又有水的冲击吞噬之猛，即所谓"激水之疾，至于漂石者"。可以说是软硬兼具、刚柔有度、质地互补、交相辉映。

在《逸周书·柔武解》中有言："善战不斗，故曰柔武。"《逸周书·补注》中还说："吾取天下，以柔得之，此柔武之道也。"这种"柔武"，体现在《孙子兵法》里，就是"伐谋""伐交"，"不

修养看孙子

战而屈人之兵"。孙子的"柔武"，既有彰显"柔"的一面，又不失"武"的属性；所谓"不战"，是以"能战"、有限度的"胜战"为依托、做支撑的，是以"大战"作底线的。《孙子兵法》既讲"豫交""合交"，又讲"夫霸、王之兵，伐大国，则其众不得聚；威加于敌，则其交不得合"；既讲"善战不斗"，又讲"故为兵之事，在于顺详敌之意，并敌一向，千里杀将"；既讲"是故始如处女，敌人开户"，又讲"后如脱兔，敌不及拒"。

《孙子兵法》中的"柔武"，还生动地体现在作战过程中的"夺心""夺气"上。孙子十分重视打心理战，强调通过攻击敌军心理，来削弱敌军士气，瓦解敌军斗志，动摇敌军心，迫敌就范。《军争篇》曰："故三军可夺气，将军可夺心。是故朝气锐，昼气惰，暮气归。故善用兵者，避其锐气，击其惰归，此治气者也。"

（五）尚谋崇力

重谋、善谋，致力以巧胜敌的思想，是《孙子兵法》体现出的最鲜明的特征。十三篇，篇篇传授谋略制敌、克敌之道。施计用谋是贯穿通篇的一条主线。比如，孙子在开篇即鲜明地做出"兵者，诡道也"的论断，并提出"诡道十二法"；在《作战篇》中提出了"取用于国，因粮于敌""车杂而乘之，卒善而养之"的谋略思想；《谋攻篇》更是集中阐述谋攻之略，提出"不战而屈人之兵"的先胜、全胜思想；在《势篇》中提出"凡战者，以正合，以奇胜"和"故善动敌者，形之，敌必从之；予之，敌必取之。以利动之，以卒待之"的出奇用兵思想；在《军争篇》中提出了"以迂为直，以患为利"的军争之道；在《九变篇》中提出"屈诸侯者以害，役诸侯者以业，趋诸侯者以利"的制诸侯之策；在《九地篇》中提出"顺详敌之意，并敌一向，千里杀将"的战略突袭思想；等等。《虚实篇》曰："故形人而我无形，则我专而敌分。我专为一，敌分为十，是以十攻其一也，则我众而敌寡。能以众击寡者，则吾之所与战者，约矣。"这实际上讲的是一种谋略补拙，即运用谋略手段实现敌我力量的优劣转化。《孙子兵法》是谋略的化身，说起这部兵书，"谋略"二字就会很自然地蹦到人们的眼前。

然而，孙子并不是一位"唯智论"者，也没有把谋略制胜摆到不应有的高位，他认为实力而非智谋是取得战争胜利的前提和先决条件。当然，他也不是一位"唯实力论"者，而是一位把力量与谋略结合得炉火纯青的军事理论家和军事实践家。《谋攻篇》提出的"十则围之，五则攻之，倍则分之；敌则能战之，少则能逃之，不若则能避之"的用兵之法，就是实力与策略相关照、力量与谋略相结合的产物。

在孙子看来，力量为谋略的运用提供了条件；谋略为力量装上了智慧的翅膀，二者不可或缺，也不可偏废，而是相辅相成，相得益彰。在《计篇》中，他把"兵众孰强，士兵孰练"作为衡量胜负的重要因素；在《形篇》中鲜明地提出"地生度，度生量，量生数，数生称，称生胜"和"胜兵若以镒称铢，败兵若以铢称镒"的实力制胜思想，强调"胜兵先胜而后求战，败兵先战而后求胜"。

（六）重法倚用

三国时期的蜀将马谡，可谓人人皆知。史书记载，马谡少年时就很有名气，跟随刘备入川后，深得诸葛亮的器重。刘备临终前曾专门对诸葛亮说，马谡是个言过其实的人，不可让他担当重任。可诸葛亮仅仅是口头上应承下来，并没有往心里去，仍旧经常与马谡通宵达旦谈论军机。

马谡确实学问渊博，具有很高的军事素养。他在南征孟获时，提出"攻心为上，攻城为下；心战为上，兵战为下"的战略方针，深受诸葛亮的好评，一时间成了诸葛亮面前的大红人。在北伐出祁山时，诸葛亮力排众议，任命马谡为先锋去守街亭，希望他能把自己的军事才能尽情地发挥出来，谁知最后的结果却是失了街亭，北伐失败，导致了一出"挥泪斩马谡"的历史悲剧。战后，诸葛亮想起了刘备的遗训，痛心地说："用马谡错矣！"

用马谡错在哪？错就错在诸葛亮只看重马谡熟读兵书、理论水平高的一面，而忽略了他不接地气、华而不实的一面。在街亭之战中，他不听老将王平的劝阻，坚持把重兵部署在远离水源的山上，结果被老奸巨猾的司马懿一眼洞穿，断了水路，军心动摇，一击即溃。马谡事先也不是没有看到这一点，他搬出《孙子兵法》"投之亡地然后存，陷之死地然后生"的兵法条文，力陈自己摆兵布阵如何高明，岂不知他忘记了孙子的另一重要用兵原则——在"死地"，"疾战则存，不疾战则亡"。

孙子不愧是享誉天下的"兵圣"，他的一个伟大之处就在于，既重传法则，又不拒权变，要求人们心中有法而不拘泥于法。他在《孙子兵法》中提出了一系列十分经典的军事思想、作战原则和用兵法则，也非常自信地用了许多带有"凡""勿""必"等字的肯定语句。但他还是在《孙子兵法》开篇就郑重提醒人们："此兵家之胜，不可先传也。"就是说，战场上取胜的奥秘是无法预先传授的，全在因时因地因情灵活运用，正所谓"运用之妙，存乎于心"。马谡的下场加上战国时期赵国大将赵括的悲剧反衬出了孙子的高明之处。

（七）能伸能屈

在《三国演义》"煮酒论英雄"那一回中，曹操有一段精彩的话。曹操（对刘备）说："使君知道龙的变化吗？"玄德说："愿闻其详。"

曹操说："龙能大能小，能升能隐；大则兴云吐雾，小则隐介藏形；升则飞腾于宇宙之间，隐则潜伏于波涛之内。方今春深，龙乘时变化，犹人得志而纵横四海。龙之为物，可比世之英雄。"英雄能大能小、能升能隐，故能成就一番伟业。同样，战场上的将帅审时度势，该伸则伸，该屈则屈，屈伸有道有度，才能赢得作战的胜利。

　　该进则进，该退则退。《谋攻篇》曰："敌则能战之，少则能逃之，不若则能避之，故小敌之坚，大敌之擒也。"意思是说，兵力与敌人相当时，要有战胜敌人的办法和能力；兵力少于敌人时，要设法摆脱敌人；实力弱于敌人时，要避免与敌人决战。力量弱小的军队如果一味强打硬拼，就会成为强大敌人的俘虏。对此，《地形篇》做了进一步强调："以少合众，以弱击强，兵无选锋，曰北。"

　　该攻则攻，该守则守。《谋攻篇》曰："故用兵之法，十则围之，五则攻之，倍则分之。"《形篇》曰："不可胜者，守也；可胜者，攻也。守则不足，攻则有余。善守者，藏于九地之下；善攻者，动于九天之上，故能自保而全胜也。"孙子突出强调的是，选择攻还是守、如何攻怎么守，要根据力量和能力而定。守，同样是积极的对敌之策，在许多时候同样"能自保而全胜"。

　　该示强则示强，该示弱则示弱。《计篇》曰："兵者，诡道也。故能而示之不能，用而示之不用，近而示之远，远而示之近。"至于如何"示"，也有一个怎么把好度的问题，以防弄巧成拙，露出破绽，被敌所用。在齐魏马陵之战中，孙子的后人孙膑就"恰到好处"地对以太子申为主帅、庞涓为将军的魏国军队采取了"减灶诱敌"的"能而示之不能"的战术。庞涓在连续3天的追击后，见齐军退却避战又天天减灶，武断地认定齐军斗志涣散，士卒逃亡过半，于是命令部队丢下步兵和辎重，只带着一部分轻装精锐骑兵，昼夜兼程追赶齐军至马陵，进入了齐军预先设伏的阵地。在强大而突然的攻击面前，庞涓智穷力竭，眼看败局已定，遂愤愧自杀。齐军乘胜追击，又连续大破魏军，并俘虏了太子申。

在《三国演义》第一百回中，诸葛亮率领的北伐军受阿斗之命撤回蜀中，害怕司马懿在后追杀，便用了一个"增灶计"，命令部队每天增加一定数量的灶。司马懿见蜀军每日灶数增加，以为有兵士不断加入，于是不敢再鲁莽追击。诸葛亮靠"弱而示之强"的谋略成功骗过司马懿，顺利地撤回蜀中。同是诸葛亮，失街亭后上演了一出"弱而示之弱"的"空城计"，却收到了"不能而示之能"的奇效。这虽说出于无奈，但演得极其逼真到位。《三国演义》中有这样一段描述："果见那孔明坐于城楼之上，笑容可掬，焚香操琴。左有一童子，手捧宝剑；右有一童子，手执麈尾。城门内外，有二十余百姓，低头洒扫，傍若无人。"操琴、童子、百姓，可以说把"装到什么程度"拿捏到了极致。因为"智圣"诸葛亮太了解老对手司马懿了。

七　细节

　　《孙子兵法》是一部战略著作，是统率之道，它所阐明的宏韬大略，它所折射的睿思哲理，令人折服不已，让人受益不尽。千百年来，人们最为在意和看重的是它的战略指导价值。不过，如果换个站位和角度，看一看《孙子兵法》宏观指导下的"微策"和见微知著上的"宏略"，就会更全面、更深刻地领略到它的难能可贵和伟大之处。

　　老子说："天下难事，必作于易；天下大事，必作于细。"苏联航天员尤里·加加林，是第一个进入太空的人。1959年10月，苏联首位宇航员的选拔工作在全国展开。加加林从3400多名35岁以下的空军飞行员中脱颖而出，成为20名入选者中的一员，并于1960年3月被送往莫斯科，开始在国家宇航员训练中心接受培训。在训练中，加加林凭借其坚定的信念、优秀的体质、乐观主义精神和过人的机智成为苏联第一名宇航员。据说，在选拔过程中，一个细节起到了举足轻重的作用，那就是在模拟试验时，只有他一个人进舱时脱掉了袜子，飞船设计者觉得这是对自己作品的尊重。

　　当代有一个很流行的说法，就是：细节决定成败。实际上，孙子早在2500多年前就在"耕耘细节"上进行了积极探索实践，做足了功课，展现出了非凡的智慧与魅力。

（一） 观察上的周细

没有观察，就没有发现。观察不细、似是而非，"知彼知己"同样是一句空话。因此，孙子不仅提出了"知彼知己，百战不殆"这一经典论断，而且在《行军篇》中提出了"相敌"32法。这32种"相敌"方法，虽然都是经验型的，现在看起来也许很原始，但在当时几乎囊括了所有战场侦察的方法，是相当了不起的总结提炼。这32种"相敌"方法是从点滴之处入手，基于蛛丝马迹和细致入微的观察所得，然后进行由此及彼、由表及里、去伪存真、去粗取精的分析推理，进而做出正确的判断。比如依据敌人的言谈举止判断敌情："辞卑而益备者，进也；辞强而进驱者，退也；轻车先出居其侧者，陈也；无约而请和者，谋也；奔走而陈兵车者，期也；半进半退者，诱也。"又如依据敌方士卒的状态判断敌情："杖而立者，饥也；汲而先饮者，渴也；见利而不进者，劳也。"再如依据敌人营垒的表象和秩序判断敌情："鸟集者，虚也；夜呼者，恐也；军扰者，将不重也；旌旗动者，乱也；吏怒者，倦也；粟马肉食，军无悬瓿不返其舍者，穷寇也；谆谆翕翕，徐与人言者，失众也；数赏者，窘也；数罚者，困也；先暴而后畏其众者，不精之至也；来委谢者，欲休息也。"还如，依据自然现象的变化判断敌情："众树动者，来也；众草多障者，疑也；鸟起者，伏也；兽骇者，覆也；尘高而锐者，车来也；卑而告者，徒来也；散而条达者，樵采也；少而往来者，营军也。"

孙子细致入微的观察力，还体现在透过事、物、景等，深刻地悟兵法、精彩地释兵法上。《势篇》对"势"的精辟阐释，就是建立在对水、石、鸟、弩、机、木等性状的细致观察之上的。"激水之疾，至于漂石者，势也；鸷鸟之疾，至于毁折者，节也。是故善战者，其势险，其节短。势如彍弩，节如发机。”“任势者，其战人也，如转木石。木石之性，安则静，危则动，方则止，圆则行。故善战人之势，如转圆石于千仞之山者，势也。”《虚实篇》对虚实之变、用兵之妙的独到释解，同样借助了对水深入细致的观察。“夫兵形象水，水之形，避高而趋下；兵之形，避实而击虚。水因地而制流，兵因敌而制胜。故兵无常势，水无常形；能因敌变化而取胜者，谓之神。”《九地篇》则根据对古代传说中的常山之蛇“率然”特性的心领神会，形象描述了作战力量、作战行动在协调一致上应达到的境界。“故善用兵者，譬如‘率然’；‘率然’者，常山之蛇也。击其首则尾至，击其尾则首至，击其中则首尾俱至。敢问：‘兵可使如率然乎？’”

（二）归结上的明细

对作战中的各个单元、各种元素、各种情形，精确细致地进行梳理、归纳，形成“明细”，是《孙子兵法》提供给人们的基本抓手与“大数据”。

1.五事七计。《计篇》明确提出了分析预测战争胜负的五个方面，即道、天、地、将、法；七种情况，即主孰有道，将孰有能，天地孰得，法令孰行，兵众孰强，士卒孰练，赏罚孰明。这种综合预测战争的理念和方法，摒弃了拍脑门、概略性论战的习惯，摆脱了单一因素“算胜”的偏颇，在多元化、精细化、科学性上有了质的发展与进步。

2.三患五危。《谋攻篇》指出了君王危害军队行动的三种情况，即：“不知军之不可以进而谓之进，不知军之不可以退而谓之退，是谓縻军；不知三军之事，而同三军之政者，则军士惑矣；不知三军之权而同三军之任，则军士疑矣。”并断言：“三军既惑且疑，则诸侯之难至矣，是谓乱军引胜。"《九变篇》提醒将帅要戒"五危"，指出："故将有五危：必死，可杀也；必生，可虏也；忿速，可侮也；廉洁，可辱也；爱民，可烦也。凡此五者，将之过也，用兵之灾也。覆军杀将，必以五危，不可不察也。"

3. 五本五生。《形篇》提出谋战谋胜要关注五个方面的基本问题，并把握好五者之间的相互关系，强调："兵法：一曰度，二曰量，三曰数，四曰称，五曰胜。地生度，度生量，量生数，数生称，称生胜。"孙子在这里对实力强弱与战争胜负关系的具体化论述，正如姚有志、李文庆在《孙子兵法党政干部读本》中所言："涉及了国家的战争潜力和综合实力，引入了数量的概念，这就比'五事''七计'更进了一步，体现了孙子在这一问题上所具备的更加广阔的视野和所达到的更加精深的层面。"

4. 五地五利。《九变篇》提出了军队在五种特殊地区行动的方针和五个"有所不"的"五利"原则，并突出强调核心是懂得机变。指出："凡用兵之法，将受命于君，合军聚众，圮地无舍，衢地交合，绝地无留，围地则谋，死地则战。涂有所不由，军有所不击，城有所不攻，地有所不争，君命有所不受。故将通于九变之地利者，知用兵矣；将不通于九变之利者，虽知地形，不能得地之利矣；治兵不知九变之术，虽知地利，不能得人之用矣。"

5. 六危五险。《行军篇》列出了必须远离的六种危险地形、必须注意的五种敌人可能设伏或隐藏奸细的地方，强调："凡地有绝涧、天井、天牢、天罗、天陷、天隙，必亟去之，勿近也。吾远之，敌近之；吾迎之，敌背之。军行有险阻、潢井、葭苇、山林、翳荟者，必谨复索之，此伏奸之所处也。"

6. 六形六败。《地形篇》提出了在六种地形上作战的方法与原则，并告诫将帅："凡此六者，地之道也；将之至任，不可不察也。"

指出："地形有通者，有挂者，有支者，有隘者，有险者，有远者。我可以往，彼可以来，曰通；通形者，先居高阳，利粮道，以战则利。可以往，难以返，曰挂；挂形者，敌无备，出而胜之；敌若有备，出而不胜，难以返，不利。我出而不利，彼出而不利，曰支；支形者，敌虽利我，我无出也；引而去之，令敌半出而击之，利。隘形者，我先居之，必盈之以待敌；若敌先居之，盈而勿从，不盈而从之。险形者，我先居之，必居高阳以待敌；若敌先居之，引而去之，勿从也。远形者，势均，难以挑战，战而不利。"

《地形篇》分析了导致战败的六种情形，并要求将帅不要从地形和气候这些自然因素上找原因，而要从自身的作为和素质能力上找教训。指出："故兵有走者，有弛者，有陷者，有崩者，有乱者，有北者。凡此六者，非天之灾，将之过也。夫势均，以一击十，曰走；卒强吏弱，曰弛；吏强卒弱，曰陷；大吏怒而不服，遇敌怼而自战，将不知其能，曰崩；将弱不严，教道不明，吏卒无常，陈兵纵横，曰乱；将不能料敌，以少合众，以弱击强，兵无选锋，曰北。凡此六者，败之道也，将之至任，不可不察也。"

7. 九地之变。《九地篇》以战场地理环境为依据，从战略高度划分了九种作战地区，并提出了不同地理条件下的用兵原则。所谓"九地"是指：散地、轻地、争地、交地、衢地、重地、圮地、围地、死地。该篇还对这"九地"逐一做了界定和说明。对九种作战地区的用兵原则，该篇指出："是故散地则无战，轻地则无止，争地则无攻，交地则无绝，衢地则合交，重地则掠，圮地则行，围地则谋，死地则战。"似乎意犹未尽，后面又说："是故散地，吾将一其志；轻地，吾将使之属；争地，吾将趋其后；交地，吾将谨其守；衢地，吾将固其结；重地，吾将继其食；圮地，吾将进其涂；围地，吾将塞其阙；死地，吾将示之不活。"孙子在其兵法篇幅极其有限的情况下，前后两次讲到"九地"的用兵原则，并且给人某种重复啰嗦之感。其实，这里面固然有其加重强调的用意，但也看出前后并不是简单的重复，其着重点就在于告诫人们要根据客观的地理环境以及对官兵心态的影响，因势利导，灵活确定正确的战略战术和作战指导方针，而不是死抱某些兵法条文。这就是如他所说的："九地之变，屈伸之利，人情之理，不可不察。"

8.五火五间。《孙子兵法》提出了火攻的五种形式、用间的五种方式。《火攻篇》曰："凡火攻有五：一曰火人，二曰火积，三曰火辎，四曰火库，五曰火队。"《用间篇》曰："故用间有五：有因间、有内间、有反间、有死间、有生间。五间俱起，莫知其道，是谓神纪，人君之宝也。因间者，因其乡人而用之。内间者，因其官人而用之。反间者，因其敌间而用之。死间者，为诳事于外，令吾间知之，而传于敌间也。生间者，反报也。"又强调："故三军之事，莫亲于间，赏莫厚于间，事莫密于间。非圣智不能用间，非仁义不能使间，非微妙不能得间之实。微哉微哉！无所不用间也。"这"三莫""三不能"的细心归纳，同样令人叫绝。

（三）时间上的精细

"时"与"机"往往连在一起，是一对"孪生兄弟"。"时间差""时间窗口"，常常是现实中利用价值最高的东西。战场上，时间是影响甚至决定作战结局的最重要因素之一。在许多情况下，把握住了时间就能"致人而不致于人"，就能赢得主动和胜利。

孙子是一位时间意识非常强的军事理论家，他在《计篇》中把"天"作为五大制胜因素之一，指出："天者，阴阳、寒暑、时制也。"《虚实篇》强调："故知战之地，知战之日，则可千里而会战；不知战地，不知战日，则左不能救右，右不能救左，前不能救后，后不能救前，而况远者数十里，近者数里乎？"同时，他驾驭时间的意识与能力都相当强，在《孙子兵法》中对时间的精细把握与精致运用，达到了一个非常高的境界。

因应时段。《孙子兵法》将作战时段明确地区分为昼间和夜间。《军争篇》指出："《军政》曰：'言不相闻，故为金鼓；视不相见，故为旌旗。'夫金鼓旌旗者，所以一人之耳目也；人既专一，则勇者不得独进，怯者不得独退，此用兵之法也。故夜战多火鼓，昼战多旌旗，所以变人之耳目也。"

把握时节。孙子强调抓住最有利的时节，及时有效地实施作战行动。《火攻篇》指出："发火有时，起火有日。时者，天地之燥也；日者，月在箕、壁、翼、轸也。凡此四宿者，风起之日也。"

等待时机。孙子要求创造和等待最佳时机用兵。《军争篇》曰："是故朝气锐，昼气惰，暮气归。故善用兵者，避其锐气，击其惰归，此治气者也。"《行军篇》曰："客绝水而来，勿迎之于水内，令半济而击之，利。"《九地篇》曰："敌人开阖，必亟入之。是故始如处女，敌人开户，后如脱兔，敌不及拒。"

如果说当今信息时代是"秒时代"的话，孙子所处的春秋时代充其量是"天时代"。在"丘牛大车"装载的时代，能有如此精细的时间把握，实在是难能可贵的。

（四）算计上的究细

孙子是一个非常精明、善于算计的人，从一定意义上讲，他的兵法战策是建立在"算盘"与"账本"上的。

一算经济消耗。在战争问题上，孙子通过算"经济账"得出结论：仗、难仗、久仗，都不能轻易打。一是打不起。他在《作战篇》中说："凡用兵之法，驰车千驷，革车千乘，带甲十万，千里馈粮，则内

修齐看孙子

外之费，宾客之用，胶漆之材，车甲之奉，日费千金，然后十万之师举矣。"在《用间篇》中又说："凡兴师十万，出征千里，百姓之费，公家之奉，日费千金。内外骚动，怠于道路，不得操事者，七十万家。"二是拖不起。《作战篇》指出："国之贫于师者远输，远输则百姓贫。近于师者贵卖，贵卖则百姓财竭，财竭则急于丘役。力屈、财殚，中原内虚于家。百姓之费，十去其七；公家之费，破军罢马，甲胄矢弩，戟楯蔽橹，丘牛大车，十去其六。"三是对非打不可的仗，也要力求速战速决，并且要尽量减轻国家和民众的负担。有鉴于此，《作战篇》提出了"役不再籍，粮不三载；取用于国，因粮于敌"的保障方针，并算道："食敌一钟，当吾二十钟；其秆一石，当吾二十石。"

二算政治得失。战争连着政治，一着不慎可能会满盘皆输。东晋十六国时期，北方的统一政权前秦的实力越来越强大。公元383年，前秦皇帝苻坚自恃兵多将广、国力强盛，决定攻击吞并南方的东晋。苻坚的意见遭到了许多人的反对。其中尚书左仆射权翼说："以前商纣王无道，但朝廷有三位贤良之臣，周武王都不敢进攻而还师。现在晋虽弱小，但没有大的恶行。谢安、桓冲皆江表伟人，君臣辑睦，内外同心。我觉得不可以进攻。"但苻坚不听，对群臣说："以吾击晋，校其强弱之势，犹疾风之扫秋叶。"于是不顾群臣劝阻，执意出兵伐晋。结果东晋仅以八万军力大胜八十万前秦军队。这就是中国历史上最著名的以少胜多的战例——淝水之战。经此一战，前秦这个多民族融合的国家分崩离析，衰败灭亡，北方各民族纷纷脱离了前秦的统治，分裂为以后秦和后燕为主的几个政权。而东晋则趁机北伐，把边界线推进到了黄河，并且此后数十年东晋再无外族侵略。

对战争之中隐藏着的政治之患，孙子洞察了然，厉言提醒。他在《火攻篇》中指出："夫战胜攻取，而不修其功者，凶，命曰'费留'。故曰：明主虑之，良将修之，非利不动，非得不用，非危不战。主不可以怒而兴师，将不可以愠而致战；合于利而动，不合于利而止。怒可以复喜，愠可以复悦；亡国不可以复存，死者不可以复生。故明君慎之，良将警之，此安国全军之道也。"

三算军事效益。如何以小的代价谋取最高的军事效益，如何避免"歼敌一千，自损八百"的持久战、消耗战，是孙子重点考虑的问题。《作战篇》曰："其用战也胜，久则钝兵挫锐，攻城则力屈，久暴师则国用不足。夫钝兵挫锐，屈力殚货，则诸侯乘其弊而起，虽有智者，不能善其后矣。故兵闻拙速，未睹巧之久也。夫兵久而国利者，未之有也。"《谋攻篇》曰："故上兵伐谋，其次伐交，其次伐兵，其下攻城。攻城之法为不得已。修橹轒辒，具器械，三月而后成；距闉，又三月而后已。将不胜其忿，而蚁附之，杀士三分之一，而城不拔者，此攻之灾也。"他认为攻城注定是得不偿失的，要尽量避免。

四算兵力对比。《孙子兵法》强调量敌用兵，在兵力计算对比中确定作战方式与战法。《谋攻篇》曰："故用兵之法，十则围之，五则攻之，倍则分之；敌则能战之，少则能逃之，不若则能避之。"

（五）对策上的谨细

与那些大而化之、笼而统之的兵法或学说风格不同的是，《孙子兵法》在大理论、大思路、大原则之下提出的对策方法，更具针对性、具象性、可操作性。

具象于一情一景。《孙子兵法》对一些特殊天气、复杂地形、特定战情下的应对之策，逐一做了具体到位的明确。《行军篇》曰："上雨，水沫至，欲涉者，待其定也。凡地有绝涧、天井、天牢、天罗、天陷、天隙，必亟去之，勿近也。吾远之，敌近之；吾迎之，敌背之。"《九地篇》曰："凡为客之道：深入则专，主人不克；掠于饶野，三军足食；谨养而勿劳，并气积力，运兵计谋，为不可测。投之无所往，死且不北；死，焉不得士人尽力。兵士甚陷则不惧，无所往则固，深入则拘，不得已则斗。是故其兵不修而戒，不求而得，不约而亲，不令而信。"《九地篇》曰："投之亡地然后存，陷之死地然后生。夫众陷于害，然后能为胜败。""是故政举之日，夷关折符，无通其使；厉于廊庙之上，以诛其事。敌人开阖，必亟入之。先其所爱，微与之期。"

　　具象于一人一事。《孙子兵法》"待人""待事"之道，有时可谓精细到家，措量到位。《地形篇》曰："视卒如婴儿，故可与之赴深溪；视卒如爱子，故可与之俱死。厚而不能使，爱而不能令，乱而不能治，譬若骄子，不可用也。"《虚实篇》曰："以吾度之，越人之兵虽多，亦奚益于胜败哉？"《九地篇》曰："夫吴人与越人相恶也，当其同舟而济，遇风，其相救也，如左右手。""吾士无余财，非恶货也；无余命，非恶寿也。令发之日，士卒坐者涕沾襟，偃卧者涕交颐。投之无所往者，诸、刿之勇也。"《用间篇》曰："凡军之所欲击，城之所欲攻，人之所欲杀，必先知其守将、左右、谒者、门者、舍人之姓名，令吾间必索知之。"

　　具象于一招一式。《孙子兵法》诲人不倦，教人不厌，一招一式，细致入微。《行军篇》曰："凡处军、相敌：绝山依谷，视生处高，战隆无登，此处山之军也。绝水必远水；客绝水而来，勿迎之于水内，令半济而击之，利；欲战者，无附于水而迎客；视生处高，无迎水流，此处水上之军也。绝斥泽，惟亟去无留；若交军于斥泽之中，必依水草，而背众树，此处斥泽之军也。平陆处易，而右背高，前死后生，此处平陆之军也。凡此四军之利，黄帝之所以胜四帝也。"《九地篇》

曰："能愚士卒之耳目，使之无知。易其事，革其谋，使人无识；易其居，迁其途，使人不得虑。帅与之期，如登高而去其梯；帅与之深入诸侯之地，而发其机，焚舟破釜；若驱群羊，驱而往，驱而来，莫知所之。"《火攻篇》曰："凡火攻，必因五火之变而应之。火发于内，则早应之于外。火发兵静者，待而勿攻，极其火力，可从而从之，不可从而止。火可发于外，无待于内，以时发之。火发上风，无攻下风。昼风久，夜风止。凡军必知有五火之变，以数守之。"

八　尚风

　　齐文化具有注重实用和兼容博取两大突出特点。孙子出生、成长于齐国，《孙子兵法》诞生于齐国。在齐文化的滋润下，作为中国古代兵法体系中的"扛鼎之作"，《孙子兵法》既具中国古代兵法或学说的诸多共同特点，又有着注重实际的鲜明特色，不尚空谈、不沽名钓誉，更无道貌岸然，处处彰显出尚实、求实、务实的特殊魅力，是人们研习修身的好教材。

（一）崇实用

　　《孙子兵法》既崇尚"阳春白雪"，又不排斥"下里巴人"，固然有"高大上"的主张，但也不乏在当代人看来是格调不够高、难登大雅之堂的"偏方"。对后者，孙子既没有刻意回避，也没有闪烁其词，更没做任何粉饰，因为他的兵法追求的不仅是"政治正确"，而是实在管用。比如，《九地篇》提出："能愚士卒之耳目，使之无知。易其事，革其谋，使人无识；易其居，迂其途，使人不得虑。帅与之期，如登高而去其梯；帅与之深入诸侯之地，而发其机，焚舟破釜；若驱群羊，驱而往，驱而来，莫知所之。"还说："犯之以事，勿告以言；犯之以利，勿告以害。"这种常受到后人质疑的"愚兵政策"，实际上是针对士卒深入敌境后的心理变化而提出的，属于不得已而为之，说起来不大中听，用起来却十分适宜。又如，《军争篇》强调："掠乡分众，廓地分利，悬权而动。"从一般意义上讲，抢掠乡邑是极不道德的行为，不是文明之师应当做的。但睿智而现实的孙子，站在"死生之地，存亡之道"的高度，从国家利益、战争效益的角度，客观地看待这一举措。在他看来，抢掠乡邑是破解"国之贫于师者远输，远输则百姓贫"这一难题的必由之路，既可做到"因粮于敌"，也能实现"胜敌而益强"，是不得不为、不可不为之举。再如，《用间篇》强调："间事未发，而先闻者，间与所告者皆死。"在孙子看来，"事莫密于间"，绝对保密是成功的前提，在用间问题上，每一个细节都必须秘密进行；一旦泄密，既要对泄密者严惩不贷，又要对知密者心狠手辣，一律处死，可谓矫枉必须过正。这就是战争的残酷性所使然，也是孙子对战争规律的认识与把握。

（二）察实情

邓贤在《决定中国命运的700天》一书中这样描述：刘邓大军挺进大别山强渡黄泛区以后，"最惊险的一幕发生在淮河岸边。渡口没有船，也没有桥，河水又深又急难以徒涉，尾随的追兵已经赶来，后卫阻击战全面爆发。紧急之中，司令员刘伯承亲自夜探淮河，经过寻访竟然找到一处当地人过河的浅滩，为大军开辟一条生路。"这就是对《孙子兵法》"知彼知己，胜乃不殆；知天知地，胜乃不穷"思想的最好诠释。刘伯承元帅有句十分经典的话："五行不定，输得干干净净。"他对《孙子兵法》的精准而形象的释解与运用，让人折服，不愧被当代人誉为"论兵新孙吴"。

知是行之基，作战双方谁能够透过战争的迷雾，掌握敌我双方及与作战相关的各方面情况，谁就能掌握战场的主动权。《孙子兵法》多次强调"知"的极端重要性，系统介绍各种地理地形、天候气象等方面的知识及作战运用的机理；对敌情、我情、天情、地情等，多次嘱咐将帅"不可不察"。

战争是对抗双方的较量。知，最重要的是知敌，不知敌就无法做到"能因敌变化而取胜"，也就不可能"谓之神"；而最难的也是知敌，因为"形兵之极，至于无形；无形，则深间不能窥，智者不能谋"，这是战场上作战双方都在努力争取的境界。为此，《孙子兵法》重点为人们提供了如何掌握敌方实情的途径与方法，这就是："策""作""形""角"。

《虚实篇》曰："故策之而知得失之计，作之而知动静之理，形之而知死生之地，角之而知有余不足之处。"就是说，要通过分析判断，明了敌人作战计划的得失；通过挑动敌人，明了敌人的行动规律；通过示形动敌，明了敌人所处地形有利或不利之处；通过战斗侦察，明了敌人兵力部署中的强点和弱点。

（三）出实招

《孙子兵法》的思想性、哲理性、指导性极强，它提供给人们的战敌对策和办法，个个"真枪实弹"，招招"点穴击要"。

——诡道制敌。《孙子兵法》开篇即鲜明地提出了"兵者，诡道也"的用兵思想，《军争篇》又明确提出"兵以诈立"的军争原则。那么，怎样施诈用诈呢？《计篇》总结了"诡道十二法"，即："能而示之不能，用而示之不用，近而示之远，远而示之近。利而诱之，乱而取之，实而备之，强而避之，怒而挠之，卑而骄之，佚而劳之，亲而离之。"

——驭役诸侯。从战略上调动诸侯、牵制诸侯、干扰诸侯，有效地驾驭诸侯，是争取战略主动的智慧之举，也是"伐谋""伐交"的根本所在。如何驾驭诸侯？《九变篇》提供了"三策"："是故屈诸侯者以害，役诸侯者以业，趋诸侯者以利。"就是说，要使各国诸侯屈服，就用它最厌恶的事情去伤害它；要使各国诸侯忙于应付，就用它不得不做的事情去驱使它；要使各国诸侯被动奔走，就用小利去引诱它。

——攻心夺气。孙子精通心理学，是一位心理战大师，他对人员士气和心理变化的规律了然于胸，把攻心夺气作为克敌制胜的重要手段。那么，如何"攻"？怎么"夺"？《孙子兵法》为人们支出了诸多实招。《军争篇》指出："故三军可夺气，将军可夺心。是故朝气锐，昼气惰，暮气归。故善用兵者，避其锐气，击其惰归，此治气者也。以治待乱，以静待哗，此治心者也。"另外，《计篇》提出的"怒而挠之，卑而骄之""亲而离之"，《作战篇》提出的"卒善而养之"，《九地篇》提出的"威加于敌"的对策，都是攻心夺气的有效招数。

——智取强敌。《九地篇》曰："所谓古之善用兵者，能使敌人前后不相及，众寡不相恃，贵贱不相救，上下不相收，卒离而不集，兵合而不齐。"这是"致人而不致于人"的最高境界。那么，"敢问：'敌众整而将来，待之若何？'"也就是说，面对强敌的进攻又该怎么办呢？孙子给出的答案是先攻击敌方要害之处，一经得手就能掌控战局了，即"先夺其所爱，则听矣"。

——战略突袭。《九地篇》曰："故为兵之事，在于顺详敌之意，并敌一向，千里杀将，此谓巧能成事者也。"为达成这种战略突袭，孙子提出了与之相应的一系列对策：一是秘密运筹谋划和准备，即"是故政举之日，夷关折符，无通其使；厉于廊庙之上，以诛其事。"二是等待和把握最佳时机，即"敌人开阖，必亟入之。"三是精心选择突破口和攻击目标，即"先其所爱"和"千里杀将"。四是突然发起攻击，即"微与之期。践墨随敌，以决战事。是故始如处女，敌人开户，后如脱兔，敌不及拒。"

（四）举实例

《孙子兵法》来自对战争历史和作战经验的深刻反思与理性升华，"用事实说话"是孙子阐释其战争思想、用兵方略的重要特色。它引用的"事实"，既有诸如"昔之善战者……""古之所谓善战者……"这样的笼统列举，又有具体可寻的事例。尽管《孙子兵法》篇幅极其有限，容不下太多的战例佐证，而寥寥几个事例特别是发生在他身边的实例，却起到了画龙点睛的作用，增添了兵法的穿透力、感染力和信服力。

《虚实篇》对众寡分合的运用问题做了精辟阐述："故形人而我无形，则我专而敌分。我专为一，敌分为十，是以十攻其一也，则我众而敌寡。能以众击寡者，则吾之所与战者，约矣。吾所与战之地不可知；不可知，则敌所备者多；敌所备者多，则吾所与战者，寡矣。"就是说，要设法使敌情暴露，隐蔽我军真实情况，这样我军就可以集中兵力而使敌人力量分散。我军兵力集中在一处，敌人兵力分散在十处，我军就能以十倍于敌的兵力去攻打敌人，从而造成我众敌寡的有利态势。敌人无法知道我军所要进攻的地点，需要设防的地方就多；敌人设防的地方越多，我军进攻当面之敌就越少。孙子这种众寡分合的思想，很可能是源自吴国的宿敌越国。当时，吴国的主要敌人是楚国，但同时也面临着越国的威胁。正当吴王按照孙子的策略，初步达成扰楚、疲楚、削弱楚国军事力量时，越国主动策应楚国，进攻吴国边境。吴王阖闾想调兵攻打越国，但又担心一支人马兵力单薄难以取胜。孙子分析认为，越国的军队虽然数量众多，但不知众寡分合运用，一支队伍足以对付。所以，他说道："以吾度之，越人之兵虽多，亦奚益于胜败哉？"这种客观分析，既宣示和释解了他的用兵思想，又增强了吴国对付越国的信心，也给吴王阖闾吃了一颗定心丸，从而促使吴国集中主要力量对付更强大的楚国。

《九地篇》围绕国家之间消除前嫌与隔阂、加强彼此之间的协作配合、携手应对共同面临的威胁，以吴国与越国为例进行了形象而生动的阐述，曰："夫吴人与越人相恶也，当其同舟而济，遇风，其相救也，如左右手。"孙子用身边的事实说话，更能打动人、说服人，有利于推行自己的主张；特别是对当时的吴国来说，有利于促使吴王尽力修好与越国的关系，以更好地维护伐楚的大局。

《行军篇》围绕各种在地形条件下如何行军、作战及驻扎和观察、判断敌情，提出了四条应遵循的原则，即"绝山依谷，视生处高，战隆无登，此处山之军也。绝水必远水；客绝水而来，勿迎之于水内，令半济而击之，利；欲战者，无附于水而迎客；视生处高，无迎水流，此处水上之军也。绝斥泽，惟亟去无留；若交军于斥泽之中，必依水草，而背众树，此处斥泽之军也。平陆处易，而右背高，前死后生，此处平陆之军也。"为了让人认可和信服这四种利用地形的原则，孙子举例说："凡此四军之利，黄帝之所以胜四帝也。"

《用间篇》曰："昔殷之兴也，伊挚在夏；周之兴也，吕牙在殷。故惟明君贤将能以上智为间者，必成大功。此兵之要，三军之所恃而动也。"孙子围绕阐释"上智为间"的思想，仅仅列举了伊尹在夏朝为间，促使了殷商兴起；姜尚在商朝为间，促使了周朝兴起这两个十分典型的实例，无须阐述什么道理，即能让人认可无疑。

《九地篇》曰："令发之日，士卒坐者涕沾襟，偃卧者涕交颐。投之无所往者，诸、刿之勇也。"专诸是吴国的勇士，正是他刺杀了吴王僚，帮助太子光即阖闾登上了吴王的宝座；曹刿是鲁国武士，在齐鲁柯地（今山东东阿）会盟上，他持剑劫持齐桓公，迫使齐同鲁订立盟约，收回为齐所侵占的鲁国国土。用这两位远近闻名的勇士来形容绝境中的士卒之勇，真可谓说到位、说到家了。

（五）讲实话

《孙子兵法》被后人誉为"兵学圣典"，孙子则被尊为"兵圣"，这是至高的荣誉，是千百年来世人给予的高度肯定，表明了《孙子兵法》无与伦比的价值。然而，孙子总是以客观的态度看待自己提出的兵法，既有理论上的自信，又不夸大它的价值，更反对把它绝对化。《计篇》曰："兵者，诡道也。故能而示之不能，用而示之不用，近而示之远，远而示之近。利而诱之，乱而取之，实而备之，强而避之，怒而挠之，卑而骄之，佚而劳之，亲而离之。攻其无备，出其不意。此兵家之胜，不可先传也。"在孙子看来，他的兵法并不是屡试不爽的灵丹妙药，打胜仗的奥秘全在灵活运用兵法，是不可预先传授的。这不是孙子低调谦虚，而是体现了一种实事求是的精神。

（六）交实底

侵犯他人的知识产权、把别人的成果据为己有的现象在当代屡禁不止。有的打"马虎眼"，打"擦边球"，把别人的学术成果换换说法，摇身一变成为自己的"原创"。然而，2500多年前的孙子已经具有了维护他人"知识产权"的超强意识和高境界。在《孙子兵法》中凡是有引用或借鉴别人思想、观点的地方，孙子都一一注明，或明注出入，或明示出自他人，而不是"移花接木"，与自己的主张和想法混为一谈。孙子清楚，《孙子兵法》既是自己潜心创造的结晶，也是前人兵学智慧的汇合总结，绝不能把所有的成果归于自己。比如，《形篇》指出："兵法：一曰度，二曰量，三曰数，四曰称，五曰胜。地生度，度生量，量生数，数生称，称生胜。"从"兵法"二字来看，这五个基本问题及其相互关系，显然是出自以往的兵法，或是孙子根据以往兵法的思想提出来的。其实孙子省略"兵法"二字也是无可非议的。又如，《军争篇》指出："《军政》曰：'言不相闻，故为金鼓；视不相见，故为旌旗。'夫金鼓旌旗者，所以一人之耳目也；人既专一，则勇者不得独进，怯者不能独退，此用众之法也。"这里，孙子注明"言不相闻，故为金鼓；视不相见，故为旌旗"出自《军政》，而不是自己的创造。再如，《军争篇》指出："故用兵之法，高陵勿向，背丘勿逆，佯北勿从，锐卒勿攻，饵兵勿食，归师勿遏，围师必阙，穷寇勿迫，此用兵之法也。"两个"用兵之法"，显然是在说明此"用兵之法"来自以往的"用兵之法"。

（七）重实践

孙子是一个知行合一、说做一致、立说立行的军事理论家和带兵打仗的将军；《孙子兵法》来源于战争实践，初成即被大胆地运用于战争实践，最终又充实完善于战争实践。

柏举之战是吴国对楚国发起的最具决定性意义的一战，也是孙子亲自参与指挥的最重要的一次战争。在这次战争中，吴国联合唐、蔡两国，乘楚军连年征战极度疲惫及东北部防御空虚之隙，按照《九地篇》"故为兵之事，在于顺详敌之意，并敌一向，千里杀将，此谓巧能成事者也"的战略突袭思想，进行了大胆的战略奇袭，从而揭开了自商周以来规模最大、战场最广、战线最长的柏举之战的序幕。

在战争中，吴军遵循孙子"出其不意，攻其无备"和"以迂为直，以患为利"的作战指导思想，逆着淮水西进，秘密抵达淮汭（今安徽凤台附近），尔后迅速地通过楚国北部的大隧、直辕、冥阨三关险隘（均在今河南信阳一带），挺进到汉水的东岸，迫使楚军在极其被动的情况下仓促应战。

当两军接触后，吴军立即采取了后退疲敌、寻机决战的对策，在小别山（今湖北汉川东南）至大别山（今湖北境内大别山脉）间与楚军进行周旋，屡屡挫败楚军，致使其军队疲惫，士气低落。然后，孙子等人当机立断，决定同楚军决战，并取得了会战的决定性胜利。

楚军遭受重创后狼狈向西溃逃，孙子等人及时实施战略追击，紧追不舍，给楚军残部以多次沉重打击，楚军全线崩溃。孙子等人挥师挺进，直捣郢都。楚昭王眼见大势尽去，无奈之下仓皇弃城出奔。吴军长驱直入，势如破竹，五战五捷，一举攻克郢都，柏举之战以吴军的辉煌胜利告结。

柏举之战的胜利，彰显了孙子杰出的军事智慧，也奠定了《孙子兵法》在中国兵学史上的突出地位。

孙子在运用兵法、检验兵法的同时，注重把战争中的经验教训升华为理性认识，及时地充实到《孙子兵法》中去。据黄朴民教授等专家研究，孙子向阖闾呈献兵法十三篇的时间是在公元前512年左右，那时的柏举之战还没发生。但在《火攻篇》中却有这么一段话："夫战胜攻取，而不修其功者，凶，命曰'费留'。"这很可能是孙子对于吴军破楚入郢之后，"不修其功"，倒行逆施导致灰溜溜撤退这一教训的深刻反省。又如在《作战篇》中提道："夫钝兵挫锐，屈力殚货，则诸侯乘其弊而起，虽有智者，不能善其后矣。"这大概也是对夫差好大喜功，放松对世仇越国的警惕，兴师动众，北上中原，争当盟主，而导致越国乘虚进攻，亡国辱师历史悲剧的回顾与总结。（参见黄朴民、孙建民、高润浩编著《孙子兵法解读》一书37-45页）

九 养性

　　孙子在《九变篇》中提出了将帅戒"五危"的重要思想，强调："故将有五危：必死，可杀也；必生，可虏也；忿速，可侮也；廉洁，可辱也；爱民，可烦也。凡此五者，将之过也，用兵之灾也。覆军杀将，必以五危，不可不察也。"戒"五危"，实际上是孙子向世人提出的一个重大而深刻的考题，那就是如何修心养性。

（一）处变不惊

　　面对突变，能做到不惊慌，不冒失，镇定自若，泰然处之，当数罗贯中笔下的诸葛亮和现实中的毛泽东。诸葛亮临危之中上演的那出"空城计"，不知让历史上多少的"诸葛粉"为之倾倒。毛泽东那"敌军围困万千重，我自岿然不动""暮色苍茫看劲松，乱云飞渡仍从容""不管风吹浪打，胜似闲庭信步"的淡定和气魄，让无数人为之折服。现实生活中像诸葛亮、毛泽东这样能达到"泰山崩于前而色不变，麋鹿兴于左而目不瞬"境界的人，毕竟少之又少，但修养处变不惊、沉着应对的心性，则应是每个人的必修之课。

　　变是战争的特性，以变制敌、因敌而变是《孙子兵法》的基本思想。《势篇》曰："凡战者，以正合，以奇胜。故善出奇者，无穷如天地，不竭如江河。终而复始，日月是也；死而复生，四时是也。声不过五，五声之变，不可胜听也；色不过五，五色之变，不可胜观也；味不过五，五味之变，不可胜尝也。战势不过奇正，奇正之变，不可胜穷也。奇正相生，如循环之无端，孰能穷之？"《虚实篇》曰："夫兵形象水，水之形，避高而趋下；兵之形，避实而击虚。水因地而制流，兵因敌而制胜。故兵无常势，水无常形；能因敌变化而取胜者，谓之神。"《九地篇》曰："九地之变，屈伸之利，人情之理，不可不察。"战场情况变幻莫测，世间之事也大抵如此。所以，接纳可能的变，正视意外的变，措置突发的变，既是一种必然选择，也是一种客观的"虑变"之思、一种正确的"待变"之道。

处变不惊，在孙子看来，就是要锻造一种在突变面前保持"静"的心态与定力。《军争篇》曰："以治待乱，以静待哗，此治心者也。"就是说，以我军的严整来对付敌军的混乱，以我军的镇静来对付敌军的轻躁，是掌握和利用军队心理变化的方法。《九地篇》曰："将军之事：静以幽，正以治。"孙子在这里特别强调的仍然是一个"静"，这就要求将领统领军队，要沉着冷静而幽深莫测，要公正严明而治理得宜。"是故始如处女，敌人开户；后如脱兔，敌不及拒"，则说的是以静制动。

万物静观皆自得，人生宁静方致远。《大学》第一章有言："定而后能静，静而后能安，安而后能虑，虑而后能得。"一个人胸怀静气，才能处变不惊，从容不迫，头脑清醒，深谋远虑，鉴天下之精微，察万物之规律，辨世间之虚实，取应对之佳策。

"每临大事有静气，不信今时无古贤。"一个人只要善于修养静气，达到处变不惊、沉着应对的境界是完全可能的。

（二）处逆不乱

"乱而取之"，是《孙子兵法》的"诡道"之一；而"斗乱而不可乱也"，同样是孙子的用兵原则。

《势篇》曰："乱生于治，怯生于勇，弱生于强。"意思是说，示敌以混乱，本身须具有严密的组织；示敌以怯懦，本身须具有勇敢的素质；示敌以弱小，本身须拥有强大的兵力。这里说到的是如何"乱"而诱之。

这三个不同思考维度上的"乱"，揭示了同一个道理："乱"对战争结局的影响是巨大的，"不可不察也"。

凡事盛于一治，万事毁于一乱。那么，什么情势下最容易生乱呢？当然是逆境、逆势之下多乱。公元219年关羽败走麦城，仍有机会逃走，但一向武艺了得、心高气傲的他，突然遭此劫难心态已乱，败招尽出。当时敌军五千，关羽手下只剩下三百余人。兵少突围，当然要选择敌军最薄弱之处。孙权也担心关羽逃脱，放虎归山，急忙求计于吕蒙。吕蒙说："吾料关某兵少，必不从大路而逃，麦城正北有险峻小路，必从此路而去。"于是，吴军"遣将士各门攻打，只空北门，待其出走"。明眼人一看就是"围三阙一，虚留生路"，诱使关羽往北逃。然而，关羽偏偏中计，进入敌军的伏击圈。兵少突围，本应全力以赴，不能恋战，也不可分兵。然而，慌乱中的关羽还是留周仓与王甫同守麦城。这周仓是关羽的贴身侍卫，曾生擒庞德，生死突围之际，关羽分出一员猛将和三分之一的兵力做无用之功，岂不是昏招？那王甫倒看出了敌人的计谋，谏曰："小路有埋伏，可走大路。"关羽却说："虽有埋伏，吾何惧哉？"看，都到了什么时候了还在那里说大话！如此这般，关羽焉有不败之理？

人有成功，也可能有失败；有顺境，也会有逆境。逆水行舟不进则退，逆流而上才会迎来放舟千里。逆境是一种挑战，也是一种机遇，就看怎么对待，怎么把握。如果利用得当，逆境也会变成一种益境。《孙子兵法》"以患为利"和"投之亡地然后存，陷之死地然后生。夫众陷于害，然后能为胜败"的用兵思想，揭示了逆境的特殊价值。

《虚实篇》说："以吾度之，越人之兵虽多，亦奚益于胜败哉？故曰：胜可为也。敌虽众，可使无斗。"《形篇》也说："不可胜者，守也；可胜者，攻也。"从中可以看出，逆境是可以转化为顺境的。

无论是在战场上还是工作、生活中，逆境不可避，可避的是逆境之害；逆境不可怕，可怕的是逆境之乱。逆境不是绝境，只是一时的境遇与"邂逅"，每个人都要善待之，学会与之友好相处，送它"走好"！

（三）处辱不怒

公元 234 年，司马懿迎战诸葛亮，两军对峙一百多天。诸葛亮多次挑战，司马懿不理不睬，诸葛亮就把一套女子的衣服给司马懿送去，羞辱他胆小得像个女人。结果司马懿勃然大怒，上表魏明帝，请求皇帝批准他出战。魏明帝不但不批，还派了卫尉辛毗手持杖节，守在军营门口，阻止司马懿出战。实际上，这不过是诸葛亮与司马懿两个老对手斗智的一出好戏。诸葛亮是想用激将法激怒司马懿，诱其出战；而老辣的司马懿早就识破了诸葛亮的诡计，坚决不上他的当，同时装作勃然大怒，请求出战，拿魏明帝做挡箭牌，安抚那些急于出战的将领，也让诸葛亮死了这份心。要知道，将在外，"君命有所不受"，司马懿真要出战，还用得着"千里而请战"？看来，熟读兵书的司马懿，对《孙子兵法》"主不可以怒而兴师，将不可以愠而致战；合于利而动，不合于利而止"的思想是心领神会的。

相较于司马懿，蜀主刘备在这方面就逊色了许多。公元 221 年，刘备在称帝三个月后，不顾诸葛亮等人的反对，打着为大将关羽报仇的旗号，亲率十万大军东征伐吴。孙权闻讯急派使者求和，被刘备毫不含糊地回绝。东吴求和不成，只好派兵迎战，挂帅的是名不见经传的一介书生陆逊。对东吴耿耿于怀的刘备，根本没有把吴军放在眼里。陆逊面对来势汹汹的刘备，在崎岖的山峦处与之周旋四五个月之久，拖得蜀军疲惫不堪。蜀军急于与吴军决战，吴军内部早就有人主张应战，但陆逊并不急于应战，因为吴军驻扎之地易守难攻，吴军粮草充足，他要静观其变，寻找最佳战机。《孙子兵法·虚实篇》说："故策之而知得失之计，作之而知动静之理，形之而知死生之地，角之而知有余不足之处。"后来，陆逊就是通过小规模的试探性攻击，掌握了蜀军驻扎之处丛草茂密、难敌火攻的情况，遂决定采取火攻之策。攻击发起后，吴军士兵每人手持火把，点燃了刘备的军营。很快，几十座军营被大火烧光，官兵死伤惨重，溃不成军，所幸刘备死里逃生。吴蜀夷陵之战成了蜀汉国运的转折点，也成了"怒而兴师，愠而致战"最为典型的教材。

《孙子兵法》要求戒"五危"，这"五危"之中就有两危与怒有关。"忿速"，就是急躁、暴躁、易怒，别人一刺激，就会失去理智，做出过激反应。所以，"忿速，可侮也。""廉洁"，本是优点，但廉洁之人多半看重名声，一旦受到羞辱，也易于发怒，甚至为了自己的面子和荣誉不顾一切。所以，"廉洁，可辱也。"要想不被别人利用，就必须学会制怒；要制怒，就得学会忍。小不忍，则乱大谋。忍一忍，则海阔天空。忍，不是软弱，不是当缩头乌龟。忍的过程，是一个冷静思考、缜密权衡的过程。忍的过程，也是一个卧薪尝胆、等待最佳出手机会的过程。

在国际关系中，有些国家为了遏制其他国家发展，使用各种手段。面对这种挑衅，要沉着冷静，防止"被激怒"，该反击的要反击，该忍的一定要忍住。在斗争中有力、有理、有节，是一个国家大智慧的体现。

（四）处利不贪

战争的根源在于利益之争，谋胜从本质上讲是为了谋利；而利的驱动、利的抢占又往往是取胜不可或缺的重要条件，从这种意义上说，谋利也是为了更好地谋胜。《孙子兵法》"利"字当头。在《军争篇》中，孙子一针见血地指出："兵……以利动"，明确地把获取利益作为战争的根本动力和最终目的，把谋利、逐利、获利作为谋胜的逻辑起点，放在首要的位置。

一是利为"硬标准"。把"利"看得高于一切，把"利"作为一切军事行动的"显尺度""硬杠杠"，《火攻篇》明确指出："非利不动""合于利而动，不合于利而止"。也就是说，战争中的一行一动，都要看一看"利"在何处，察一察"益"在何方，有利可图行动方可予以考虑，无益可求的行动则一律免谈，绝对不能做"赔本的买卖"。在孙子看来，这才是"安国全军之道"。

二是全谋争全利。孙子坚持以追求利益的最大化作为战争谋划和作战指导的最高原则，不仅主张战争必须以获取利益为目的，而且强调通过高超的谋划和指挥艺术，谋求"全利"，即"全胜"之利。《谋攻篇》强调："故善用兵者，屈人之兵而非战也，拔人之城而非攻也，毁人之国而非久也，必以全争于天下，故兵不顿而利可全，此谋攻之法也。"通过一连串的"不战""非战""非久"，意在说服将帅们一定要用万全之策、全胜之计，积极谋求"全胜"的利益。

三是因利而制权。《计篇》曰："计利以听，乃为之势，以佐其外。势者，因利而制权也。"孙子在这里提醒将帅们，要根据对自己是否有利而灵活地实施权变，在变中创造有利于自己而不利于敌的作战态势。《军争篇》强调："以利动，以分合为变者也。"

通观《孙子兵法》，体现"施小利以诱敌"思想的有多处。孙子在开篇就提出了"利而诱之"的诡道之法；又在《虚实篇》中说"能使敌人自至者，利之也"；还在《势篇》中强调"予之，敌必取之。以利动之，以卒待之"；在《九变篇》中要求"趋诸侯者以利"。历史上以小利引诱敌人、以伏兵待机破敌的成功战例很多。比如，公元前700年，楚国攻打绞国，绞人守城不出，楚国便用打柴人前往诱敌，让绞人俘获30人。绞人见有利可图，于次日大批出去。这时，预先埋伏于山下的楚兵突然出击，大败绞人。这就要求指挥员既要重利、求利，又要防止贪利，时刻保持一颗警惕的心，时刻睁大一双能辨的眼，避免被人引诱利用，招致"覆军杀将"之祸。

在当今这个社会里，利益追求、利益竞争日趋激烈；网络化、数字化、全球化的日益发展，也为利益拓展、利益交换提供了更大的舞台，利的诱惑力也越来越强。但是，这背后的陷阱也越来越多，并且之大、之深都是前所未有的。每个人既要挖掘好、利用好时代的"红利"，又要有辨利的意识和本领；既要防止见利忘义，也要防止见利忘害；该争的利不要错过，不该要的利莫要伸手。

（五）处盛不狂

得势之时、得胜之刻，持有怎样的心态、具有什么样的状态，将直接关系到局势的走向和最终的结局。这一点，从项羽、刘邦、李自成和毛泽东身上，就可以看得非常清楚。

秦国兼并天下后，秦始皇不顾人民生死，横征暴敛，徭役繁重，严刑苛法，以刑杀为威，焚书坑儒，百姓陷入极度贫困和恐怖之中。秦二世胡亥即位后，变本加厉，社会矛盾激化到极点。作为楚国名将后代的项羽，与叔父项梁打着楚怀王的旗号，借着陈胜、吴广领导的农民大起义的东风揭竿而起，队伍越打越大。心怀大志的项羽凭着一身英雄气和日益蹿升的人气，一呼百应，率领楚军势如破竹，在推翻秦王朝的战争中建立了无人能及的功勋，成为号令天下的"大哥大"。项羽最初能够雄踞霸位，最根本的是顺民心、得民意、获民力，民众与楚军就像反秦的干柴遇上了烈火，岂有不升腾燎原之理？

然而，项羽是个有热血有勇气而缺乏政治头脑与大智慧的悍将。在西进的过程中，他下令在新安坑杀了20多万投诚过来的秦军士兵；屠城咸阳，杀死了秦降王子婴，焚烧秦宫室，大火持续三个多月，大肆掳掠货宝妇女；自己定都彭城，赶走已封为义帝的楚怀王，又派人暗杀；动辄屠城、烹杀，还设置高大的砧板，把刘邦的父亲刘太公放在上面，威胁烹杀……这一切让他失去了民心。他狂傲自大，刚愎自用，不善用人，楚军的关键人物范增对他忠心耿耿，他却听信谣言，逼得范增出走，在内部渐失人心。短短几年下来，项羽他那无与伦比的个人魅力便随风渐渐淡去。

反观项羽的对手刘邦，率军攻入关中、到达咸阳后，随即下令封闭王宫、还军霸上，"约法三章"，得到了百姓的信任；刘邦知人善任，宽大容人，深谙笼络人心之道，诸侯们纷纷与汉方结盟反楚。最终打败项羽，建立起西汉王朝。

李自成是明末农民起义领袖，他带领起义军南征北战18年，终于攻入京城。然而，起义军经不起都市繁华生活的诱惑，骄奢淫逸，侵害百姓利益，大顺政权迅速走向灭亡。

历史的经验特别是沉痛的教训，提醒着以毛泽东为代表的中国共产党人，必须抱着"进城赶考"的心态去面对最后的胜利和新生的政权。1949年3月，在完成"农村包围城市"的伟大战略任务之后，中共中央从西柏坡进驻北平。那是3月23日下午，中共五大书记即将乘车离开西柏坡。上车的时候，周恩来关心地问毛泽东："主席，没有休息好吧？"毛泽东说："休息好了，睡四五个小时，精神就很好了。"周恩来说："多休息一会儿好，长途行军坐车也是很累的。"毛泽东笑着说："今天是进京的日子，不睡觉也高兴啊。进京赶考嘛！精神不好怎么行呀！"周恩来笑着说："我们应当都能考及格，不要退回来。"毛泽东一边笑着迈步登上吉普车，一边向大家挥手，一字一板地说："退回来就失败喽。我们决不当李自成！我们都希望考个好成绩！"

对"进京赶考"，毛泽东有着敏锐的警觉和清醒的忧思。他清楚，中国共产党人在获得巨大胜利的同时也面临着巨大考验：一个是如何建立一个独立、民主、富强的新中国，这是个大问题；另一个是如何在执政后保持党的先进性、纯洁性，这是一个更大的问题。用老百姓的话说，就是"打江山"和"坐江山"。现在，江山是"打"下来了。如何"坐"呢？如何坐稳呢？这是摆在毛泽东等中国共产党人面前的一道试题。

"赶考"之路，任重道远。在西柏坡，在夺取全国性革命胜利的前夕，毛泽东和中共中央就在紧锣密鼓地做这道"考题"，得出了一系列优秀的答案，并为"进京赶考"立下了规矩。习近平总书记曾到西柏坡纪念馆参观学习，他曾说："中国人民站起来了，富起来了，但我们面临的挑战和问题依然严峻复杂。"应该说，走在实现中华民族的伟大复兴之路上的中国人民，仍然需要"进京赶考"的精神。（毛泽东"进京赶考"的故事，参阅丁晓平《"赶考"是一种伟大革命精神》一文）

对待盛势和胜利的不同心态、不同做法，其结局截然不同，都可以从《孙子兵法》中得到释解。《火攻篇》曰："夫战胜攻取，而不修其功者，凶，命曰'费留'。故曰：明主虑之，良将修之。"孙子早就告诫人们：赢得军事上的胜利仅仅是第一步，如果不能赢得政治、赢得经济、赢得民心、赢得稳定，军事上的胜利成果照样会付之东流。

"历尽天华成此景，人间万事出艰辛。"人生多磨难，得意能几回？所以才有大诗人李白"人生得意须尽欢，莫使金樽空对月"的感慨。然而，得意归得意，"陶醉"当有时，"尽欢"当有度。因为，与得意相连的，往往是失意。一个人要真正做到得意不忘形、处盛不狂癫，还得铭记老子《道德经》里的这几句话："生而不有，为而不恃，功成而弗居。"

十 聚气

　　《孙子兵法·军争篇》明确地提出了"治气"的重要思想，指出："故三军可夺气，将军可夺心。是故朝气锐，昼气惰，暮气归。故善用兵者，避其锐气，击其惰归，此治气者也。"《孙子兵法》在倡导与敌"斗气"、向敌"夺气"的同时，也非常重视养气，在《九地篇》强调："谨养而勿劳，并气积力，运兵计谋，为不可测。"《军争篇》倡导的"其疾如风，其徐如林，侵掠如火，不动如山，难知如阴，动如雷震"，充盈和升腾其间的是一种气，归根结底来自养气、聚气。

　　在中国传统哲学中，气是构成世界万物的本原，生命维持全在于气。气，可感而不可见，是客观存在，也可谓虚无缥缈。《素问·阴阳应象大论》指出："人有五脏化五气，以生喜、怒、悲、忧、恐。"人一旦气泄了，魂也就没了，便空有生命体征，无异于行尸走肉。

　　《孙子兵法》倡导的治气、斗气、夺敌之气，都有赖于养气、聚气。那么，怎么养、如何聚呢？

（一）锻气节

　　气，指士气、斗志；节，指立身做人遵循的原则、标准。所谓气节，即做人的品质、志气和节操，是用来衡量人们行为和反映不同人生态度的一项道德标准。可以说，气节是气的最高表现形态。

气节是一种最重要的人生修养。有气节才能有人格的独立、政治信念的坚定及道德意志的坚韧，是人生的灵魂和精神支柱。人没有了气节，也就没有了脊梁骨。孔子说："三军可夺帅也，匹夫不可夺志也。"孟子提出要养"浩然之气"。清代魏源在立德、立功、立言"三不朽"的基础上，倡议加上"立节"，变成了"四不朽"。

朱自清曾有一篇《论气节》的文章，里面说"气，是敢作敢为；节，是有所不为。"这"有所不为"，不是怯懦、逃避，而是忠于信念、敢于抵制。魏晋时期的嵇康，性格外露，愤世嫉俗，宁为玉碎，不为瓦全；他面对屠刀，神情自若，抚琴而歌，使从容赴死成为一种境界。嵇康的被杀，表面原因是卷入了吕安的不孝一案，为朋友仗义说了几句好话；再就是他鄙视奸臣钟会之流，钟会出于报复之心，适时地在司马昭那里煽风点火；而深层次的原因是他对司马氏政权的不合作态度。因此，嵇康被捕入狱后，即便京师三千学生联名上书，请求释放嵇康，注定也救不了他。但他的风骨成为中国文人推崇的精神，他的为人成为后世贤者效法的榜样。《孙子兵法》虽然没有明确地提出气节的概念，但"兵者，国之大事，死生之地，存亡之道，不可不察也""非利不动，非得不用，非危不战"等思想，不是生动地体现了气节"敢作敢为、有所不为"的特征吗？

气节，不是一种高谈阔论，而是一种实实在在的行动。"论气节"，朱自清是最有资格、最有说服力的一位。他本人"一身重病，宁可饿死，不领美国的救济粮"的悲壮行为，是"气节"二字的最好注脚。而西汉大臣苏武，用长达19年的牧羊经历诠释了什么叫气节。公元前100年，苏武奉命出使匈奴，遭到扣留，并被要求臣服匈奴单于。他们认为，在饥寒交迫的时候苏武肯定会低头，为了逼迫苏武投降，他们把苏武幽禁在大窖中。面对困境，苏武没有退缩，他饿了就吃旃毛，渴了就吃雪。他用顽强的生命抵抗匈奴的威胁。

后来单于又把苏武弄到地势偏远、没人居住、环境较差的北海，给了他一群公羊，告诉他只要羊群能够生下小羊就放他回国。即使这样，苏武也没有放弃，没有投降。后来在汉朝君臣的努力下，苏武才得以回到长安，结束了长达19年的艰苦生活，谱写了一曲忠贞不屈的爱国情怀和民族气节的不朽赞歌。

莎士比亚说过："在命运的颠沛中，最可以看出人们的气节。"现实中满嘴"高大上"的大有人在，但一落实到自己的行动上就打了折扣、变了调子。中国的快速发展，让许多国家产生了前所未有的嫉妒和焦虑，他们极尽所能，不遗余力地抹黑中国，千方百计地遏制中国的发展。对此，许许多多的人站出来发声抗议，并自觉抵制，但也有人为了满足私欲，不惜民族气节、国家气节掉在地上。这些民族败类固然可气、可恨、可惩，而对我们如何加强和改进爱国主义教育，进一步强化气节锻造是个最现实的警示。

（二）铸气概

《孙子兵法·计篇》曰："道者，令民与上同意也，故可以与之死，可以与之生，而不畏危。"这"可以与之死，可以与之生，而不畏危"，以及《九地篇》所说的"诸、刿之勇"，就是一种视死如归的英雄气概。当然，这种气概是建立在一定的前提条件和环境条件之上的。

中国传统文化非常推崇诗句"黄沙百战穿金甲，不破楼兰终不还"展现出的英雄气。女杰李清照爱惜英雄："生当作人杰，死亦为鬼雄。至今思项羽，不肯过江东。"书生曹植向往英雄："名编壮士籍，不得中顾私。捐躯赴国难，视死忽如归。"

气概，是以气打底的，彰显着自信、正直、豪迈，积聚着义无反顾、一往无前的巨大力量。毛泽东是有着大气概的一代伟人，他的两段话是对气概的最生动描述："这个军队具有一往无前的精神，它要压倒一切敌人，而决不被敌人所屈服。""中国人民有志气，有能力，一定要在不远的将来，赶上和超过世界先进水平。"看来，气概之中有热血沸腾，但不是头脑发热或是吹大牛，而是建立在自信自强基础上的豪情万丈；有了这种气概，就会迸发出无穷的力量，蓝图就会变成真景，梦想就会变成现实。

当今中国的发展进入了一个非常特殊的阶段，虽然前途光明但前进之路荆棘丛生，各种明枪暗箭会随时袭来，各种可见的不可见的困难会接踵而至。我们必须要有"战略上藐视敌人"的气概，最大限度地培育和激发每个人一往无前的雄心斗志，同时还要有"战术上重视敌人"的智慧和谋略，"排除万难，去争取胜利"。

（三）育气质

气质，是人的一种比较稳定的个性特征，泛指人的风格、气度，展现出的是一种吸引人、打动人、征服人的魅力。气质不仅仅表现在个体，也表现在群体，彰显出一个民族在某个时期的个性特征。气质是一种素质，是一种内在美、精神美，是以人的文化、知识、思想修养、道德品质为基础的，通过对待生活的态度、情感、行为等直观地表现出来。有气质的人或群体，给人带来美感，让人赏心悦目。有气质，才有气场。

气质基于气，气是气质的源头与支撑。没有人格、没有尊严、没有骨气的人，注定没有气质。没有激情、没有斗志、萎靡不振的人，断无气质可言。气养气质，气质也养气。

气质是一个人的名片、一个民族的名片。气质与国运相连，不同时代的人在不同背景下展现出不同的时代气质，有着重重的时代印记。

唐朝人的大气。唐代是一个非常开放的时代，唐朝人的胸怀也无比博大。"明月出天山，苍茫云海间。长风几万里，吹度玉门关。"李白的诗句生动体现了唐代人的大视野。唐朝时，长安是世界历史上第一个达到百万人口的大城市。唐长安的人口中，除居民、皇族、达官贵人、兵士、奴仆杂役、佛道僧尼、少数民族外，外国的商人、使者等总数不下3万。当时来长安与唐通使的国家、地区多达300个。唐的科技文化、政治制度、饮食风尚等从长安传播至世界各地。另外，西方文化通过唐长安城消化再创造后，又辗转传至周边的日本、朝鲜、缅甸等国家和地区。唐长安成为世界西方和东方商业、文化交流的汇集地，是当时世界上最大的国际大都会。这是影响和决定唐人气质的最大因素。

宋朝人的雅气。国学大师陈寅恪说："华夏民族之文化，历数千载之演进，造极于赵宋之世。后渐衰微，终必复振。"一介武夫出身的宋太祖赵匡胤，登基后采取"崇文抑武"的治国方略，立下"不杀士大夫及上书言事者"的誓约。他对文人的重视，对文化的倡导，对文气的营造，把大宋王朝塑造成了一个文气十足的王朝，使中原进入了一个知识大集合、文化大繁荣、文人大展露的时代。有人说，宋朝的美是充满文人气息的，不拘尘世，高远而略带寂寞。宋朝的文化艺术在宋徽宗赵佶时期达至巅峰。这与赵佶本人的艺术造诣密不可分。他不是位好帝王，但他是个艺术天才，在绘画、书法、茶道、音乐、建筑设计等多个方面极尽才华。他开画院，《千里江山图》的作者王希孟、《清明上河图》的作者张择端，都是他的学生。他是瘦金体、工笔画的创始人。整个宋朝是清雅的。一本《风雅宋：看得见的大宋文明》，也让人深深感受到了宋时民间和日常生活中的雅气。

明朝人的奢气。明朝中后期，享受之风盛行。明朝人伍袁萃说，

修养看孙子

在嘉靖以前，明朝江南地区，是以朴实厚重著称的，士大夫们聊天，都是聊文章、国家大事之类，很少聊享乐的话题。而后来，基本都是聊游玩、奢侈，以及怎么打通官场关节。嘉靖朝之前士大夫们吃饭，最多就是多点几个菜，而后来吃饭，拉歌姬跳舞唱歌，那都是很正常的。在享受上，不止达官贵人，就连普通百姓也不例外。巡抚宁夏的明朝名将杨博就曾说，即使在宁夏这样的边镇地区，穷人家的女人如果不戴首饰，一样会被人瞧不起的。而那些军户家庭里，如果有谁还过着简朴的生活，那一定会被人笑作迂腐不堪。

清朝人的奴气。清政权是从农奴制社会阶段建立起来的，君臣之间、官吏上下级之间的主仆观念被长期保留下来。随着西方列强的一次次入侵，大清军队一败再败，既而割地赔款、出让主权，签订丧权辱国的条约。大清任人宰割，国人受尽欺凌；封建官僚与外国殖民者相勾结，坐在人民头上作威作福，满身奴气，反过来又变本加厉地鱼肉奴化百姓。

改革开放 40 年来，新中国发生了真正意义上翻天覆地的变化，经济实力、科技实力、国防实力空前提高，不仅一跃成为世界第二大经济体，而且国际地位、世界影响力与过去已不可同日而语。中国是世界上唯一一个没有文明中断的国家，数千年光辉灿烂的文化是世界上任何国家都不可比拟的，中国人在气质上有责任、有能力走在世界前列。在实现中华民族伟大复兴的征程中，中国要真正成为一个世界强国，中国人要真正得到世人的广泛认同与尊重，不仅在经济上要持续发展，更重要的是要加强软实力建设，努力建立自己在世人面前的良好形象，拥有吸引人、征服人的良好气质。良好气质的培塑是一个长期的过程，是一个比经济复兴更为漫长但又不可或缺的发展路程。

要把气质建设上升为国家战略。气质，是一个人、一个民族、一个国家的名片，是一种独具魅力的气场与实力。应把气质建设作为精神文明建设的重要着力点，与培养树立社会主义核心价值观紧紧连在一起，作为一种具有战略意义的软实力来建设。

要旗帜鲜明地提出"华气"的概念。900多年前，北宋大文豪、书画家苏东坡有诗云："腹有诗书气自华"。在这首写给朋友董传的留别诗中，苏轼就明确地向世人提出了一种气质概念：华气。"粗缯大布裹生涯，腹有诗书气自华。"意在告诉人们，生活当中，即使身上包裹着粗布劣衣，只要胸中有学问，气质也自然会光彩夺人。中国人应该有自己独树一帜、又具民族特色、且感自豪的气质表述。"华气"，体现了一种高雅之气、博大之气、华美之气，又暗含了中华之气，具有时代的引领性、民族的标志性、大国的层次性、世界不同文化的包容性，这何不是我们中国人的气质向往与追求？过去，夸一个人有气质，人们常用"洋气"二字。今后，我们气质建设的目标追求应该是：人们称赞一个人有气质时，能情不自禁地说他"华气"。要用"华气"来凝聚中国人，增强海内外华人的自信、自尊、自豪；用"华气"来吸引、打动外国人，赢得他们的尊重。我们今天有高新技术、高速铁路等众多物质上的名片，将来我们要拥有"华气"这张精神上的名片。

要努力构建完善的"华气"体系。一个人、一个民族的"华气"，主要应体现在：有信仰有追求；有文化有知识；有格局有气量；有气节有血性；有爱心有公心；有修养有仪表。从华为人和华为创始人任正非身上，完全可以解读出什么样的气质才是"华气"。中国人唱响自己的气质追求，这本身就是一种民族气节。

（四）塑气境

气的形成与积聚，离不开一定的孵化条件和催生环境。"气可鼓，不可泄"，很大程度上靠的是适宜环境的支持与激励。孙子不仅"重气"，而且善于通过营造和构建有利的环境，来激发将士们勇往直前、奋勇杀敌的胆魄与气势。归纳起来，主要是"三塑"。

一塑上下同欲的政治环境。《计篇》曰："道者，令民与上同意也。故可以与之死，可以与之生，而不畏危。"《谋攻篇》又曰："上下同欲者胜。"在孙子看来，军队上下一旦形成"团结一心、同仇敌忾"的政治局面，就一定能够取得胜利。

二塑爱兵如子的情感环境。《地形篇》曰："视卒如婴儿，故可与之赴深溪；视卒如爱子，故可与之俱死。"在孙子看来，将帅真正关心士卒，士卒就可以随将帅赴汤蹈火，与将帅同生共死。

三塑勇生怯亡的奋进环境。《九地篇》深刻阐明了特殊的战场环境对气的巨大激发力。"吾士无余财，非恶贷也；无余命，非恶寿也。令发之日，士卒坐者涕沾襟，偃卧者涕交颐。"既然大家都不想死，那么打起仗来为什么个个有"诸、刿之勇"呢？因为，"投之无所往"。具体说来，"投之无所往，死且不北；死，焉不得士人尽力。兵士甚陷则不惧，无所往则固，深入则拘，不得已则斗。是故其兵不修而戒，不求而得，不约而亲，不令而信。禁祥去疑，至死无所之。"斗志往往是逼出来的，优越的环境容易让人萎靡，艰苦险恶的环境可以让人奋起前行。

《孙子兵法》为我们如何塑造有利于激发"浩然之气"的内外环境，提供了十分有益的思想启迪和思路镜鉴。当下，应着力在三个方面下功夫。

其一，努力营造浓厚的优秀传统文化氛围。中华优秀传统文化积淀着中华民族五千年来最深沉的精神追求，是中华民族生生不息的丰厚营养，是中华民族的"根"与"魂"。呵护好、传承好中华优秀传统文化，是一项凝神聚气、强基固本的基础工程。加强优秀传统文化教育，是强化爱国主义精神、增强民族自信心的必然要求。要努力让中华优秀传统文化占领我们的思想文化阵地，流淌在中华儿女的血脉之中，成为我们不屈不挠、奋发图强的力量之源。

其二，大力营造崇尚英雄的社会环境。一个崇尚英雄的民族才是有希望的民族，一个崇尚英雄的国家才是有希望的国家。习近平总书记指出："崇尚英雄才会产生英雄，争做英雄才能英雄辈出。"然而，长期以来，社会上的一些人不追英雄，而是热衷于追明星、追网红，有些人甚至以恶搞英雄、诋毁英雄、污蔑英雄、丑化英雄人物的言论哗众取宠，造成了非常恶劣的影响，引起了广大人民群众的强烈愤慨，同时也让许多人为之忧虑。必须在全社会筑起捍卫英雄的强大气场，通过舆论、法律等手段，同一切亵渎英雄的行为做坚决的斗争，不能让英雄或英雄的家人付出又心寒。必须营造全社会崇尚英雄的浓厚氛围，大力开展讲英雄故事、唱英雄歌曲、播英雄影视、立英雄传记、续英雄谱系、挂英雄画像等活动，浓墨重彩记录英雄，大张旗鼓宣传英雄，设身处地关爱英雄，优化机制塑造英雄，树立崇尚英雄的鲜明导向，让英雄情怀融入每个人的血脉，尤其让英雄精神在青少年的心中牢牢扎根，激励更多的人争当先锋、争做英雄，为社会积聚正能量、锻造精气神。

其三，大力防止和清除精神上的环境污染。物质上的环境污染危害很大，治理起来也不容易，但思想上、精神上的环境污染危害更大，治理起来更不容易。随着中国的崛起，意识形态领域的斗争日趋白热化，急红了眼的西方反华势力，借所谓"人权""自由""知识产权"等变本加厉地抹黑中国，抹黑中国共产党，极尽混淆视听之能，同时通过互联网等手段加紧渗透。如何防止和清除思想上、精神上的环境污染，让青少年健康茁壮成长，是摆在我们面前的一项重大而紧迫的政治任务。

十一　砺能

2500多年前的孙子就有了提升复合素质、综合能力的意识，要求将帅"智、信、仁、勇、严"，以及"进不求名，退不避罪"，等等。《孙子兵法》不仅大力倡导"多能"，而且蕴含的关于素质能力的"基因图谱"，至今仍有着十分实际的借鉴价值。

（一）智能为核

"智"，是《孙子兵法》的主打元素；施智用谋、斗智斗谋，是《孙子兵法》的主色调、主旋律。也可以说，《孙子兵法》就是一个智慧载体，一个传播智慧的平台。"不战而屈人之兵"，彰显的是一种战略智慧；"修道而保法""卒善而养之"，彰显的是一种政治智慧；"役不再籍，粮不三载；取用于国，因粮于敌"，彰显的是一种经济智慧；"以迂为直，以患为利"，彰显的是一种哲学智慧；"其疾如风，其徐如林，侵掠如火，不动如山，难知如阴，动如雷震"，彰显的是一种美学智慧；"故三军可夺气，将军可夺心。是故朝气锐，昼气惰，暮气归。故善用兵者，避其锐气，击其惰归""投之亡地然后存，陷之死地然后生"，彰显的是一种心理学智慧；"施无法之赏，悬无政之令"，彰显的是一种创新智慧；等等。

智慧的思想最终要靠智慧的大脑去领悟，智慧的力量归根结底要靠智慧的人们去展现。对蕴含于《孙子兵法》中的丰厚智慧，只有那些充满智慧的用兵者去大力挖掘、创造性运用，才能转化为应有的军事、政治、经济效益。

《孙子兵法》把"智"作为将能之首，《用间篇》又鲜明地提出"非圣智不能用间""上智为间"的重要思想；《作战篇》则从反向度上阐明了"智"的分量，指出："夫钝兵挫锐，屈力殚货，则诸侯乘其弊而起，虽有智者，不能善其后矣。"从这些阐述中，足以看出"智"在用兵者素质构成中的核心位置。

其实，《孙子兵法》把"智"放在首位，是有其道理的。智能是各"能"之源，没有真智、睿智、大智，关键时刻或是在大是大非面前就容易犯糊涂，"信、仁、勇、严"与"利合于主"的"忠"，很可能是盲目的、偏颇的、不坚定的。恰如魏晋曹丕《煌煌京洛行》之诗所云："祸夫吴起，智小谋大，西河何健，伏尸何劣。"

（二）德能为基

《孙子兵法》对将帅之"德"虽然着字不多，但涵盖了多方面的要求：一是"忠"，即忠于君主，忠于国家，忠于民众，强调"进不求名，退不避罪，唯人是保，而利合于主"；二是"仁"，即仁爱士兵，"视卒如爱子"；三是"信"，即诚实守信，让人信服和信赖。在孙子看来，大凡有"德"之将帅，对上才能赢得充分信任，进而获得"将能而君不御"的信任和"君命有所不受"的"授权"；对下才能赢得衷心爱戴，形成士卒争先"与之赴深溪""与之俱死"的决心。

（三）气能为魂

《军争篇》曰："故三军可夺气，将军可夺心。"那么，"气"生于哪里呢？一是生于"道"，"道者，令民与上同意也。故可以与之死，可以与之生，而不畏危。"二是生于"爱"，"视卒如婴儿，故可与之赴深溪；视卒如爱子，故可与之俱死。"三是生于"险"，"投之亡地然后存，陷之死地然后生。夫众陷于害，然后能为胜败。"这三个方面的"气"归结到一个字上，就是"勇"。孙子用吴宫教战斩宠姬的"诸、刿之勇"，诠释了他为什么把"勇"作为将帅必备的"五能"之一。试想，作为一名将帅，如果缺乏应有的勇气，凡事求"保险"、避"风险"，所谓"唯人是保，利合于主"的要求，就会变成一句空话；而"君命有所不受"的主张和"施无法之赏，悬无政之令"的原则，也是不会变为现实的。

（四）行能为重

再好的理论，如果运用不到实践中去，产生不出应有的效应，也是枉然；再好的兵法，如果把握不准、"跑题""走偏"，带来的都是灾难。因此，孙子要求用兵者不仅要熟读兵法，而且要具有很强的实践能力，能够把兵法思想和原则科学、灵活、高效地运用到具体的战争实践中去。

一是防止把好经念歪。奋勇杀敌值得提倡，保护自己无可厚非，义愤填膺、同仇敌忾理所当然，重视廉洁美名让人仰视，爱民之举让人感动。然而，这些"高大上"的品德要求在落实的过程中，出现了截然相反的结果：在有些人身上闪闪发光，而在有些人身上变成"将之过""用兵之灾"。这就反映了后者在实践能力上的差距，需要在补短板上下功夫了。所以，《九变篇》提醒："故将有五危：必死，可杀也；必生，可虏也；忿速，可侮也；廉洁，可辱也；爱民，可烦也。凡此五者，将之过也，用兵之灾也。覆军杀将，必以五危，不可不察也。"

二是防止把好剧演砸。孙子对自己苦心撰著的兵法，充满了自信，以"十三篇"作"见面礼"见吴王，即可见一斑。并且还在《计篇》中非常自信地说："将听吾计，用之必胜，留之；将不听吾计，用之必败，去之。"但是，孙子自信之间有自知、有忧虑，就是担心自己的兵法被人神化僵化、生搬硬套，把握失准、用不到点子上，他要求用兵者用心领悟，灵活运用，故开篇不忘提醒人们："此兵家之胜，不可先传也。"

三是防止把好兵带娇。《孙子兵法》既提倡"爱兵如子"，又在《地形篇》中提醒人们："厚而不能使，爱而不能令，乱而不能治，譬若骄子，不可用也。"这里面，核心的是带兵既需要情感的投入与培育，又需小心把兵带娇了、把部队带娇了。孙子无论从理论上还是在教战、作战实践中，始终主张从严治军、严格执法，"令之以文，齐之以武"，追求"齐勇若一""携手若使一人"的治军境界。这也是《孙子兵法》把"严"作为"将能"之一的初衷所在。

齐家问孙子

跨越千年时空的问对

家，是一个温馨的字眼，是一种情感寄托，更是一个人安身立命、修身立行的精神起点。人生之船，都是从家扬帆起航的。

家事是私事，但家事连着公事；齐家要理小事，而齐家绝非小事。家是向社会输入能量的地方，齐家好，也就为社会增添了一份正能量。优良的社会环境基于对一个个污染源的防范与治理，好的大气环境有赖于一户户好家风的升腾与集聚。家庭是国家的组成细胞。国家好，家家才会好，家家好，国家才会更好。

清官难断家务事。齐家，是一门很深的学问；会齐家，是一种了不起的本领；善齐家，是人生的一种至高境界。一个有责任感的人，必定是一个重齐家的人。

《孙子兵法》与齐家之事有十万八千里之遥，但孙子的智慧对齐家之策又有近在咫尺之鉴。面对一个又一个的「家事之问」，遥远的孙子似在「穿越」古今，用他的兵学智慧指点迷津，让人们茅塞顿开。

一　范世立家的孙子智慧

人在世上生活，有一个如何立人、如何立家的问题。《易·说卦》曰："立人之道，曰仁与义。"那么，立家之道是什么？带着这个问题，我们不妨去"拜访"一下智慧的孙子。

（一）仁以立尊

问：一个家庭靠什么才能广泛赢得人们的尊重？是靠地位，靠财富，还是靠才学？

对：非仁不得。《用间篇》提出了"非仁义不能使间"的用间原则。意思是说，那些非仁慈慷慨的人，因无法赢得间谍的信任与尊重，是不适合使用间谍的。该篇还说："凡兴师十万，出征千里，百姓之费，公家之奉，日费千金。内外骚动，怠于道路，不得操事者，七十万家。相守数年，以争一日之胜，而爱爵禄百金，不知敌之情者，不仁之至也，非人之将也，非主之佐也，非胜之主也。"在这里，孙子用"不仁之至"来定性那些"非人之将""非主之佐""非胜之主"，足见"仁"在他心目中的分量，足见"仁"在"人设"中的主导地位。所以《孙子兵法》开篇即曰："将者，智、信、仁、勇、严也。"也就是说，非仁爱者是不会受到重用的。

家事夹议：在现实中，有些人让人看重，确实是因为他们手中的权力和所处的地位；有些人让人高看一眼，确实是因为他们有真才实学；有些人让人羡慕不已，确实是因为他们"腰缠万贯"。然而，"看重"也好，"高看"也罢，抑或"羡慕""服气"，并不等同于尊重。有些人位高权重，时时处处摆着一副官架子，显派头、耍威风，甚至以权谋私、腐化堕落，怎能让人尊重？人富了当然没什么不好，但有些人为富不仁，为富不雅，让人鄙视不堪。有些人有学无识，境界低、格局小，处处以自我为中心，为人处事让人难以恭维。尊重与权力、地位、金钱、学识等，是不能画等号的，但可以与"仁"画等号。一个人如此，一个家庭也是这样。

宋代有"八德"：孝、悌、忠、信、礼、义、廉、耻，恢复了管仲提出的"四维"，即"礼、义、廉、耻"，去掉了"仁"，增加了孝与悌，将家族道德置于首位。但这并不意味着"仁"是可以忽视、可以替代的。孔子把仁作为最高的道德原则、道德标准和道德境界，形成了以仁为核心的伦理思想结构，其中孝悌是仁的基础，也是仁的体现，是仁学思想体系的基本支柱之一。孔子曰仁，孟子取义，仁者必然有义，义者必然有仁。"八德"恢复了义，或是着眼于维护管仲"四维"的完整性，实际上是以义之名行仁义之意。恰如老舍在《四世同堂》所言："他不认识多少字，他可晓得由孔子传下来的礼义廉耻。他吃的是糠，道出来的是仁义。"仁是"八德"的重要基因和基本底色，"八德"之家必定是仁义之家；仁义之家，必定不缺"八德"。这样的家庭，谁不敬仰！

（二）规以立正

问：正人先正己，正身先正心。那么，正家先正什么？

对：非规不能。《计篇》曰："故经之以五事，校之以计而索其情：一曰道，二曰天，三曰地，四曰将，五曰法。""法者，曲制、官道、主用也。"又曰："故校之以计而索其情，曰：主孰有道，将孰有能，天地孰得，法令孰行……吾以此知胜负矣。"《行军篇》曰："令之以文，齐之以武，是谓必取。"也就是说，好的法规制度是最有力、最持久、最可靠的制胜因素。

家事夹议：吴越钱王钱镠，曾靠贩卖私盐为生，后来应召参军，累迁至镇海节度使。公元895年，坐拥两浙的节度使董昌叛乱，因钱镠出兵平叛，两浙得以统一。唐朝皇帝为了表彰他的功绩，特赐金书铁券一块，上面有三百余字，高度肯定他的贡献，其中还写道："卿恕九死，子孙三死……"得到"免死金牌"后的钱镠召集家人宣布了八条家规，告诫子孙千万不能恃宠而骄，兄弟要齐心，家人要和睦。如果子孙中有人不忠不孝，不仁不义，将会有灭门之灾。结尾，钱镠还不忘向后人强调："千万不可违背家训。"唐朝覆灭，钱镠被封为吴越国王，在负责统辖江浙闽等14州治地期间，他一直保境安民，独善其域，留下诸多佳话。公元932年，钱镠辞世。临终前他感悟到，要想立世不败，需要一套"生存法则"。于是，他留下10条遗训，充实到家训之中。后来经过钱氏子孙的进一步梳理，最终形成了现在的《钱氏家训》。

钱氏家族名人辈出，宋朝以来出了350个进士，真正的名人1000多位，特别是近代形成人才"井喷"，仅院士级学者就有100多人，如钱学森、钱伟长、钱三强等。俗话说，富不过三代。孟子也说："君子之泽，五世而斩。"但钱家是一个例外。不用说，打破"魔咒"的，就是这部《钱氏家训》。钱家每一个孩子出生，全家都要诵读《钱氏家训》，这个家训已经流传了1000多年。

国有国法，军有军纪，家有家规。孟子说："不以规矩，不能成方圆。"淮南子说："矩不正，不可为方；规不正，不可为圆。"法、纪、规，具有鲜明的规范性、约束性乃至强制性，无论一个人或是一个群体，据此便可以知方圆、知边底，知扬抑、知行止；思想和精神层面的东西通过法、纪、规的形式固化下来，也能够传承久远，潜移默化，持续发力。《钱氏家训·家庭篇第二》就说道："欲造优美之家庭，须立良好之规则。"钱家浩然正气的家风，都能从家训中找到源头。

家训家规是治家教子、修身处世的重要载体，是教诲子孙后代如何自我成长、安身立命的重要条例，承载着中华民族优秀传统文化的精髓。家训家规之中不仅有"训诫"，也有明确具体的"必须""不准"和"防止"，体现的正是《孙子兵法》"令之以文，齐之以武"的思想与思维。新时代，每个家庭都应该建立和完善起充满正能量的家训家规，立起自己的方圆。

（三）知以立明

问：如何建设一个开明的家庭？

对：非知不成。《谋攻篇》曰："知彼知己者，百战不殆；不知彼而知己，一胜一负；不知彼，不知己，每战必殆。"《地形篇》又曰："知彼知己，胜乃不殆；知天知地，胜乃不穷。"君王之智在"知"，常常因"不知"而"犯浑"，因"犯浑"而危害军队。《谋攻篇》曰："君之所以患于军者三：不知军之不可以进而谓之进，不知军之不可以退而谓之退，是谓縻军；不知三军之事，而同三军之政者，则军士惑矣；不知三军之权而同三军之任，则军士疑矣。三军既惑且疑，则诸侯之难至矣，是谓乱军引胜。"君王因知而开明，"将能而君不御"；因知而明断，"可以战"或"不可以战"。

家事夬议：一国之主的"明"源于"知"，一家之主的"明"同样离不开"知"。这要从曾国藩说起。在封建社会里，登举入仕是人生的最大追求，"学而优则仕"是社会的最强音。靠科举之路走上人生高位的曾国藩，对此最有感悟。然而，他的大儿子曾纪泽却对科举考试不感兴趣，对西学表现出强烈的愿望，有志专攻精学。所以，曾纪泽第一次科举考试后，就有了不再参加科举考试的想法。曾国藩非常尊重儿子的选择和爱好，毫不含糊地支持他的想法，从而使曾纪泽成为晚清少数早期接触西方科学与文化的人，并成为当时最有名的外交家。后来，就是曾纪泽凭着自己的拳拳爱国之心和超凡智慧魅力，硬是从沙皇"口中"夺回了即将吞下去的新疆伊犁，在世界上产生了很大的轰动。二儿子曾纪鸿也不喜欢科举考试，他喜欢数学，曾国藩同样给予了大力支持。结果曾纪鸿不仅写出好几本数学专著，还把圆周率推算到小数点后一百多位，在当时世界范围内处于领先水平。后来，曾纪鸿还写出中国最早的一本电学专著。

作为封建大官僚的曾国藩，为什么能如此"开化"、如此开明呢？一方面，来自英法的坚船利炮让他近距离地感受到西方科学与科技的强大威力；另一方面，当时一批受西方文化影响最深的优秀知识分子，帮助曾国藩进一步打开了眼界，让他看到了"外面的世界很精彩"。"睁开眼睛看世界"、超越了东方文明自恋的曾国藩，不仅义无反顾地推动了洋务运动，而且在齐家教子上变得更加开明。

愚昧者感受不到自己愚昧，是因为他们没有知识和见识来帮助他们发现；保守者看不到自己保守，是因为他们没有新生事物作参照。战场上，用兵者知彼知己、知天知地，才会知优知劣、知利知害、知胜知败，才能明策明略、明法明招。生活中，一个人知书知情，才能明事达理；并且知之愈多、知之愈深，愈是明是非、明得失、明取舍。

青蛙跳出井底，才知天地之大；战马走出庭院，才知疆场之阔。做一个开明的人，建设一个开明的家庭，就得打开大门，拥抱更大的天地；就得打开头脑，装进更多的知识；就得打开眼界，涉猎更新的事物；就得打开思路，推陈出新、吐故纳新，"苟日新，日日新，又日新"。

（四）和以立美

问：**如何让家庭变得更温馨、更美满？**

对：非和不取。《孙子兵法》虽然讲的是战胜攻取之策，但它主张慎战、不战、少战、易战，提倡"伐谋""伐交"，强调"不战而屈人之兵"，"和"是它最重要的思维基点。世人最为推崇的，是它那无与伦比的"和之美"。《九地篇》不仅提出了"携手若使一人"的要求，而且强调："夫吴人与越人相恶也，当其同舟而济，遇风，其相救也，如左右手。"也就是说，即使相互仇视的国家，因为都处在一个"利益共同体"之中，所以更应该摒弃前嫌、相互信任，同舟共济、共谋和平。《孙子兵法》"和之美"还体现在一种内在的"和"、最高形态的"和"，也就是"心和"上，提出了"上下同欲者胜"的思想。

家事夹议：俗话说，家和万事兴。《朱子家训》有曰："家门和顺，虽饔飧不继，亦有余欢。"那么，如何"和"？实际上，导致家庭不和的，多是些鸡毛蒜皮的小事，而把这些小事的负效应无限放大的"罪魁祸首"就是长在脸上的那张嘴。家和，包含着孝顺父母，善待幼子，兄友弟恭，夫妻谦让，互尊互爱。曾国藩说过："夫家和则福自生，若一家之中兄有言，弟无不从，弟有请，兄无不应，和气蒸蒸而家不兴者，未之有也。"然而，许多人在外面、在单位与人说话，和颜悦色，柔声柔气，客气得很；而回到家中就像换了一个人，说起话来常常不大讲究，不大耐烦，缺乏温度，冷言冷语的有之，"忠言"刺耳的有之，颐指气使的有之，恶语相向的也有之，无意之间伤着家人。于是，说着说着就激出"火花"，冒出火药味；有的吵着吵着，"内部矛盾"就演变成了"你死我活"的"敌我矛盾"。家不和，危害很大；家要和，难度不大，重要的是家人之间要学会说和气话。

有些人总觉得，家人之间朝夕相处，情浓无须美言，心爱何必溢于言表。实际上这是一种误解。心理学研究表明，家人之间不仅要说不得不说的"有用话"，还要学会说一些温暖的"废话"。那些能温暖人心的"废话"，是人与人交往、家人与家人相处的润滑剂，也是一种真情的流露。"多穿点衣服""路上慢一点""别忘了多喝点水""在外面少吃点油腻的"……这些"正确的废话"，对方也许不太往心里去，甚至还嫌太唠叨，但听了总有一种温暖感。

有一篇文章介绍说，道元禅师在《正法眼藏》中提到了"爱语"这个词："在与人接触时，若总是让自己持有一颗体贴之心且用温柔的语气说话，那么你说的这些话便是爱语。"文章说，"凡是人，都等着有人对自己说温柔的话，都在寻找能让自己感受到关心的场所。也正因如此，我们总是能被说'爱语'的人吸引。"家人之间，更需要以体贴之心，说温柔之话。这虽是一个不太容易时时达到的境界，但至少应该成为每个家庭成员的一种追求。"爱语"说多了，怨气就不见了，怒气也烟消云散了；和气浓了，误会少了，家庭也就更美满了！

（五）智以立达

问：一个家庭要走上兴旺发达之路，最重要的是靠什么？

对：非智不及。《孙子兵法》提出的"谋略战""外交战""突袭战""火攻战""间谍战"，以及诸多"用兵之法""诡诈之道"，都是以智为支撑的，从很大程度上是智的聚力、聚能。可以说，智者强，不智者不强；智者胜，不智者不胜。"将者，智、信、仁、勇、严也"，多智为将者胜；"昔殷之兴也，伊挚在夏；周之兴也，吕牙在殷"，"上智为间"者胜；"是故智者之虑，必杂于利害"，善趋利避害者胜；"顺详敌之意，并敌一向，千里杀将"，精于智巧者胜。

家事夹议：有位学者讲了这样一个真实的故事。一个家庭条件不够好的小伙子，结识了一个中意的女孩子。两人从相识到相恋、相爱，一路走得非常顺利。但在定亲时，按当地风俗，女方父亲要求男方的礼金不少于10万。这可愁坏了小伙子，因家里盖新房拉了不少"饥荒"，一时实在筹集不到这笔钱。但未来的岳父态度很坚决："一分不能少！"没办法，小伙子硬着头皮去找准岳父"谈判"。小伙子说："您养了这么优秀的女儿，10万礼金，不多！我给20万。"准岳父一听，乐了，说："这女婿，就是开通。你想什么时候娶就什么时候娶。"小伙子说："您老开明，我手头一时拿不出这么多钱。婚后我分期付款，一月付5000，付够为止。可以立下字据。"准岳父不假思索地说："好！"婚后，小伙子信守承诺，每月给岳父5000元，第一个月给了，第二个月给了，等到第三个月准备给岳父转钱的时候，妻子不干了。她怒气冲冲地跑回娘家，找到父亲大吵大闹，哭着喊着说"日子过不下去了，没法活了！"母亲这时也向父亲发难，说不该这样为难女儿、女婿。父亲心疼女儿，只好把女婿的"债"给免了。就这样，小两口过起了轻轻松松的日子。后来小伙子靠自己积攒的钱，加上一些贷款，投资办起了厂子，收入相当可观，在县城买了几套房子，首先让岳父岳母进城住上了梦寐以求的楼房。

莫洛瓦说："单是聪明还不够，还应足够的聪明以避免过分聪明。"这种避免过分聪明的聪明，或许就叫智慧。上边说到的那个小伙子，与其说聪明，不如说智慧。宋人释祖钦在《智远上人》一诗中说："智聪则远，机圆自转。"小伙子的人生经历或是此诗的最好注脚。

家不是一个可以施计用诈的地方，也不是一个适于"讲理"的地方，但绝对是一个需要智慧的地方。对智者来说，复杂的家庭矛盾会得到简单化解；对不智者来说，简单的家庭琐事会变得复杂难解。就像那"戈蒂恩结"，在大智者手里轻松一剑就得"了结"，而在不智者手里费劲巴力却成了"死结"。所以，经营家庭，一定要有智慧的头脑，增智慧、讲智慧，遇事不要一味凭力、凭理去"直解"，而是要注重靠智慧去妙解。

（六）信以立远

问：世间之事，一时易，久远难。那么，对一个家庭来说，如何才能做到行稳致远？

对：非信不至。"将者，智、信、仁、勇、严也。"兵以诈立，人以信立。"将能而君不御"，乃基于信；"君命有所不受"，乃源于信；"令民与上同意"，乃赖于信。

家事夹议：历史上，孔子"不知为不知"，信不失童，故知其为何能成为圣人；魏文侯"与虞人期猎"，信不失下，故知其为何能强国安民；孟信"不卖病牛"，信不失陌；查道"吃枣留钱"，信不失天，故知其为何名留百世。

信要立，而不可废；信要守，而不可损。商鞅变法推出新法令，公布之前"恐民之不信己，乃立三丈之木于国都市之南门，募民有能徙置北门者予十金。民怪之，莫敢徙。复曰：'能徙者予五十金。'有一人徙之，辄予五十金，以明不欺。卒下令。"商鞅"以木立信"，可谓用心良苦；而"曾子杀猪"，更见信之不可或损。《曾子杀猪》记载："曾子之妻之市，其子随之而泣。其母曰：'女还，顾反为汝杀彘。'妻适市来，曾子欲捕彘杀之。妻止之曰：'特与婴儿戏耳。'曾子曰：'婴儿非与戏也。婴儿非有知也，待父母而学者也，

103

下篇　齐家问孙子——跨越千年时空的问对

听父母之教，今子欺之，是教子欺也。母欺子，子而不信其母，非所以成教也！'遂烹彘也。"

言行有信，口无空许，这是做人的基本准则。诚信是人与人交往的"通行证"，也是一个人的人格魅力、人缘气场的"放大镜"。现实中，成在诚信的多之又多，而败在诚信的也大有人在。殊不知，商场上、官场上、各种圈子里，许多人的"人设"就崩裂在失信上，甚至人生也毁在一个"信"字上。要知道，在信息时代，失信的标记一旦被贴到脸上，是很难被揭掉还原的；诚信的大楼一旦倒塌，是很难在废墟上重新建起的。

晋朝隐士畅泉说过："以信接人，天下信之；不以信接人，妻子疑之。"诚信之人才值得托付，诚信之家才让人踏实。讲诚信应体现到家庭生活的一点一滴、一言一行之中，不以事小而略之，不以谎小而为之，不以差别而任之。讲诚信具有很强的示范效应，一个家庭重要的是家长要带头为之，即便是"善意的谎言"也应尽量不讲，更不能信口开河，随意承诺。家庭之中，同样应遵循"一诺千金"的定律。

讲诚信有时要付出一定代价，甚至还会被视为"迂腐""一根筋"，也就是通常所说的"老实人吃亏"，但老天从不负那些重信守信的人，正所谓"诚信不虚发，神明宜尔临"。

（七）情以立怀

问：家不是孤悬于世外的，它存在于社会之中，是国家的一分子。那么，如何让家融入社会、扮演好"国家队"队员的角色呢？

对：非情不具。《孙子兵法》开宗明义："兵者，国之大事，死生之地，存亡之道，不可不察也。"家国情怀，跃然"简"上。《作战篇》曰："国之贫于师者远输，远输则百姓贫。近于师者贵卖，贵卖则百姓财竭，财竭则急于丘役。力屈、财殚，中原内虚于家。百姓之费，十去其七；公家之费，破军罢马，甲胄矢弩，戟楯蔽橹，丘牛大车，十去其六。"《谋攻篇》曰："将不胜其忿，而蚁附之，杀士三分之一，而城不拔者，此攻之灾也。"这些肺腑之言，都基于浓浓的家国之情、兵士之情、民众之情。

家事夬议：说到家，说到国，人们总会提到家国情怀。那么，怎样理解家国情怀？说白了，家国情怀就是与国家民族休戚与共的壮怀，以百姓之心为心、以天下为使命的责任感，是一个人对国家和人民表现出来的深情大爱。有家国情怀的人，才是大写的人；有家国情怀的家，才是大写的家。有情有义的人，才配得上谈家国情怀；有情有义的家，才会有真正的家国情怀。晚唐诗人曹松《己亥岁》一诗云："泽国江山入战图，生民何计乐樵苏。凭君莫话封侯事，一将功成万骨枯。传闻一战百神愁，两岸强兵过未休。谁道沧江总无事，近来长共血争流。"试想，如果诗人心中没有对国家的忧患之情、对生民的怜悯之情，怎会有如此深邃的感怀？

"人民楷模"朱彦夫，14岁参加中国人民解放军，16岁加入中国共产党，先后参加淮海、渡江、解放上海、抗美援朝等战役，历经战斗上百次，10次负伤，3次荣立战功，在抗美援朝战场上失去了四肢和左眼，被评为特等伤残军人。为了减轻国家的负担，他主动放弃荣军休养院的特护待遇，毅然回到村里自食其力、奉献社会。回到家乡后，他看到父老乡亲吃不饱、穿不暖，穷得叮当响，又没有致富门路，忧心忡忡，寝食难安，苦思冥想了许久。他在解决自己吃饭、喝水、装卸假肢、走路、大小便等基本生活自理问题的同时，下定决心带领乡亲们共同致富。他担任村党支部书记25年，克服常人难以想象的困难，带领群众治理荒山、兴修水利、发展教育，把一个贫穷落后的小山村变成了山清水秀的富裕村。为教育激励后人，他用嘴衔笔、残肢抱笔，历时 7 年，创作完成了两部震撼人心的自传体长篇小说《极限人生》和《男儿无悔》，被誉为"中国当代保尔"。在他身上集中体现的"对党忠诚、一心为民、勇于担当、自强不息"的精神，所彰显出的情怀，是一种家国情怀，也是一种乡梓情怀，更是共产党人的革命情怀。

家是温情的港湾，也是育情、生情的最佳场所。齐家应紧紧围绕着爱党、爱国、爱家、爱乡、爱民，浓厚"情场"、激发"情商"、增强"情感"，让每个家庭成员都有浓浓的家国情怀、乡梓情怀、人文情怀。

二　纾困兴家的孙子智慧

"幸福的家庭都是相似的，不幸的家庭各有各的不幸。"

每个家庭面对的矛盾和困难是千差万别的，而化危解困的机理都是相似的。

（一）胜可为也

问：很多人在家庭遇到重大变故时，表现得非常脆弱，哭天喊地，觉得日子没法过了，有的甚至走向极端。那么，对他们来说应该确立什么样的思想？

对：胜可为也。《虚实篇》曰："故五行无常胜，四时无常位；日有短长，月有死生。"又曰："胜可为也。敌虽众，可使无斗。"

家事夹议：孙子认为，五行相生相克，没有哪一行常占优势而不变的；四季交替变化，没有哪一季是固定不移的。白天有短有长，月亮有圆有缺。胜利是可以争取的。敌人兵力虽多，可以使它无法与我交战。

家事的规律也大抵如此。家庭有美满的时候，也有不幸的时刻，这往往是不以个人的意志为转移的。然而，面对劫难、磨难、苦难，如果人们有了"胜可为"的生活态度，就会走出困境，拥抱美好的未来。

60多年前，那是一个阴雨连绵的秋日，一阵阵恸哭从胶东半岛一个小山村的堂屋中传出——年仅33岁的父亲撇下35岁的妻子和三个幼子，离开了人世！顷刻间，这个四口之家陷入了绝望。在那个贫穷的年代，这个没有了男人的家庭，难的不仅仅是生活的重担落在了一个裹脚小女子肩上，也不在于进一步加剧了缺吃少穿的困境，最要命的是世俗的偏见、恶邻的欺凌、亲戚的歧视、寡妇门前的是非，压得寡妇妈妈喘不过气来。然而，面对重重苦难，面对种种屈辱，她从没低头，从没消沉，从没退却，硬是带着儿女们一路闯了过来。这位坚强的母亲，再苦、再累、再委屈、再作难，都是自己扛着，在子女面前展现的都是刚强、乐观、进取、向善的正能量，她不能让孩子们失去生活的希望，不能影响他们对未来的信心。遇到事情，自己心中确实承受不了了，她就偷偷跑到丈夫坟前哭一场，排解一下内心里的苦闷。就这样，她含辛茹苦地把三个子女培养成人，两个儿子一个成了副省长、一个成了部队的师长。这位母亲的顽强抗争，回击了命运的不公，也告慰了亡夫的在天之灵。

老年的杨绛先生，接连遭受了痛失亲人的打击。1997年钱瑗去世，1998年钱锺书先生去世。钱锺鲁和他的妻子陈霞清特别难过，可是他们见到大嫂杨绛时，杨绛竟一滴眼泪都没有。但杨绛到了晚上却要吃安眠药才能睡下。钱锺鲁说，后来他看到杨绛在文章里说"家在哪里，我不知道，我还在寻觅归途"的时候，眼泪就流下来了。杨绛是要让钱锺鲁他们不要担心她。她的办法，就是把自己扎进书里，把自己忘掉。

《孙子兵法》"胜可为也。敌虽众，可使无斗"的思想，意在告诉人们，战场上的敌人是可以争取战胜的，强大的敌人也是可以让它无所作为的，当然这取决于态度和对策。生活也是这样，天无绝人之路，再艰难的困境都是可以走出来的。南非前总统曼德拉就说过："你若光明，这世界就不会黑暗。你若心怀希望，这世界就不会彻底绝望。你若不屈服，这世界又能把你怎么样？"磨难固然可以成为我们生活之中的拦路虎，但我们完全可以靠希望、靠坚强、靠智慧化解它的"虎威"，甚至让它变成一只"驯化虎"抑或"纸老虎"。

（二）所措必胜

问：对处在困境中的家庭来说，光有信心还不行，还必须要有实实在在的脱困办法。那么，总的应对之策是什么？

对：其所措必胜。《形篇》曰："古之所谓善战者，胜于易胜者也。故善战者之胜也，无智名，无勇功。故其战胜不忒，不忒者，其所措必胜，胜已败者也。"

家事夹议：孙子认为，古时候所说的那些善于用兵打仗的人，总是在易于取胜的情况下战胜敌人的。因此，那些善于打仗的人打了胜仗，既没有智慧的名声，也没有勇武的战功。他们取得胜利，是没有差错的。之所以不会有差错，是因为他们的作战措施是建立在必胜的基础之上，是战胜那些已经处在失败地位的敌人。破解那些严重困扰家庭的棘手难题，同样需要一些志在必得的大招、狠招。

20 世纪 30 年代，老家有这样一户人家：寡妇跟着婆婆带着一个独子过日子。这家人经过几代经商做买卖，家里积攒下不少的地和财产，还雇了几个长工，在周围是数得着的富家。寡妇的丈夫死得早，寡妇对独子呵护有加，婆婆对家里的这根独苗更是宠爱娇惯，不让他受一点委屈。不知从何起，独子在别人的教唆引诱下染上了好赌的毛病，输了一次又一次，到后来家里只好卖地为他还赌债。眼看着这个家要毁在独子手里，寡妇几次找娘家弟弟来教训他，几次都被婆婆"搅了局"，结果让这个不争气的儿子更加有恃无恐。

这天，独子又闯下大祸，一口气输掉了几亩地。寡妇跑到娘家，找弟弟们商量对策。寡妇说："这孩子再不下狠手管就废了，这个家也就败了。听说北乡有打鬼子的队伍，队伍上教育人可有办法了，不如咱把孩子送到队伍上去。"两个弟弟一听，都不停地摇头，说："孩子进了队伍脑袋就别在裤腰带上了，子弹可不长眼啊！家里这根独苗要是有个三长两短的，你该怎么向你家的祖宗交代？再说了，孩子的奶奶也不会应允的。"寡妇心意已决，她说："这些我比谁都清楚，但这是唯一的出路，你们只管把孩子诓'到队伍上去好了，剩下的事就不用管了。"于是，两个弟弟连夜套上马车，跑了一夜一天，找到熟人，好不容易把孩子'诓'到了队伍上。这孩子在队伍上逐渐克服了身上的毛病，加之有一定的文化，不久当了文书，并一步步升迁，最后官至副团级，中华人民共和国成立后他被安置到省城工作。寡妇因为是"革命军属"，又没有什么恶行，家里虽然有地产有房产，但村里并没有为难她。后来知道了实情的乡亲们，都不由得赞叹：这小脚寡妇就是"主意"大！

一个家庭的命运，不在于是否遇到严重危机，而在于危急时刻是否有"挽狂澜于既倒，扶大厦于将倾"的必胜之措，即"其所措必胜"。这种"必胜之措"，意味着出手就要"一锤定音"，只能成功不许失利。这就需要找准"病灶"，猛药治病。同时，这种"必胜之措"，应是康熙平三藩那种带根本性、长远性之举，而不是汉景帝诛晁错以平八王之乱那种权宜之计。"必胜之措"既然求的是"必胜"，有时还要忍得住必要的"代价之痛"或"风险之痛"，敢用"短痛"祛"长痛"。

（三）亡然后存

问：误入歧途，或受到重创的人，该如何面对今后的人生？

对：亡然后存。《九地篇》曰："投之亡地然后存，陷之死地然后生。夫众陷于害，然后能为胜败。"

家事夬议：孙子认为，使士卒置身亡地，才能保存自己；使士卒陷于死地，才能死中求生。军队深陷于绝境，然后才能奋起拼杀赢得胜利。战场上的士卒如此，人生之理也不出其外。

每个人都期望自己的人生顺风顺水，然而，人有顺境就可能有逆境，有走运的时候，就可能有倒霉的时候；有高歌猛进的时候，就可能有人仰马翻的时候。顺境的时候当然好，而逆境并不意味着是绝境，同样蕴藏着机会，甚至孕育着更大的机遇。拉尔夫·瓦尔多·爱默生曾说过："每一种挫折或不利的突变，是带着同样或较大的有利的种子。"司马迁在《报任安书》中举出了一系列逆境中取得巨大成就的例子："文王拘而演《周易》；仲尼厄而作《春秋》；屈原放逐，乃赋《离骚》；左丘失明，厥有《国语》；孙子膑脚，《兵法》修列；不韦迁蜀，世传《吕览》；韩非囚秦，《说难》《孤愤》；《诗》三百篇，大抵圣贤发愤之所为作也。"

素有"烟草大王""中国橙王"之称的褚时健，曾作为红塔集团有限公司和玉溪红塔烟草有限公司董事长，创造了中国烟草的奇迹。62 岁时，被授予"全国优秀企业家"荣誉称号。66 岁时，被评为中国十大改革风云人物。71 岁时，因重大经济问题被判处无期徒刑，后减刑为有期徒刑 17 年。74 岁时，保外就医开荒种橙子。84 岁时，"褚橙"销往全国各地，年利润超 3000 万元。褚时健身上闪现的那种不向命运低头、不放弃追求梦想的"硬汉"精神，打动并最终征服了人们。从他身上，人们不仅看到了他的情商，也看到了他的"逆商"——爬起来的速度比摔倒的速度更快。

大哲学家苏格拉底说："患难与困苦是磨练人格的最高学府。"树木受过伤的部位往往变得最硬，人生的奇迹多是在厄运中出现的。人在身陷逆境时，对软弱者来说，也许是前途渺茫，精神崩溃，一

111

蹶不振，自毁自灭；而对坚强者来说，则是没有选择，没有退路，不能偷懒，不能苟且，突围的欲望变得特别强烈，成功的心情变得特别迫切，触底反弹的力量表现得特别强大。春秋时期的越王勾践，战败后被吴国俘虏，在吴国受尽凌辱。被放回越国后，他为了报仇雪恨，卧薪尝胆，立志图强，十年后终于等来机会，先是大败吴师，迫使夫差求和；后又破吴都，迫使夫差自尽，灭吴称霸。这正印证了《孙子兵法》所言："投之亡地然后存，陷之死地然后生。"

人是有惰性的。常言说，井无压力不出油，人无压力轻飘飘。人生要谋求大的作为，取得大的突破，受挫时就要有一种越挫越勇、迎难而上的精神，把压力转化为积极进取的强大动力；顺境时也要走出按部就班、四平八稳的状态，敢于和善于给自己加压，不仅要确立人生的更高目标，还要有一种破釜沉舟的精神。在某种情况下，只有敢于断了自己的退路，才能"杀"出一条"血"路，找到一条理想的出路。

（四）不责于人

问：在经济活动日趋活跃的当今时代，一夜暴富或一夜"暴负"的现象经常出现。"暴负"，会让整个家庭的生活顷刻间陷入贫困与焦虑。遇到这种情况时，对这个家庭来说最重要的是什么？

对：不责于人。《势篇》曰："故善战者，求之于势，不责于人，故能择人而任势。"

家事夹议：孙子认为，善于用兵的人，总是设法创造有利的态势，而不是对部属求全责备，因而他们能够选择良将去创造和利用有利的态势。家庭生活也是这样，与其在出了问题之后责备对方，不如事先把功课做足，事后致力于"亡羊补牢"和"吃堑长智"。

东方卫视大型励志情感才艺节目《完美搭档》曾播出这样一期

节目：来自四川的史宝庆和熊愈雯夫妇在节目中演唱了一首《凉凉》，这首略显伤感的歌曲与两人情真意切的演绎和默契配合有些矛盾。史宝庆说，这首歌是他们夫妇几年来生活和心境的真实写照。他说，几年前妻子熊愈雯投资失败，一下子亏欠上千万，不仅赔光了自己家的钱，还欠了不少的外债，令这个本来富裕的家庭一夜之间跌入低谷。面对意外，丈夫史宝庆没有责怪妻子，而是和儿子一起鼓励妻子振作起来，全家人共同还债。如今，一家人正在努力让生活重新走入正轨，有困难一起扛，互谅互励，不离不弃。他们一家的故事，深深地打动了现场和电视机前的观众。他们的故事也印证了《孙子兵法》那句话："故善战者，求之于势，不责于人，故能择人而任势。"

　　过去人们常讲，一个家庭共患难易，同富贵难。实际上，同富贵之后的共患难更难。毕竟人往高处走，水往低处流，从患难到富贵是上行，生活再难也是"在希望的田野上"；而从富贵到患难则是下行，吃的是"二遍苦"，受的是"二茬罪"，生活的"过山车"走到这段，许多人从内心深处往往难以接受、无法承受。于是，失落、埋怨、责怪，甚至绝望、自暴自弃，很容易发泄在家人身上。这个时候，最重要的是要坚强，要冷静，要往前看，要如《孙子兵法》所言，做到"求之于势，不责于人"。现实中那些摔倒后一蹶不振甚至走极端的人，说来说去还是极度无助的心结未能及时解开，在强大的压力之下变成了"死结"。要知道，这个时候最需要的是家人的理解、宽容、安慰和鼓励。一句温暖体贴的话，就可能改变局势的走向，改变一个人、一个家庭的命运。作为家人一定要明白，事已至此，埋怨、吵闹、唉声叹气，除了火上浇油、乱上加乱外，解决不了任何问题，当务之急是一家人"心事同漂泊，生涯共苦辛"，齐心协力，和衷共济，共渡难关，尽快走出"山重水复疑无路"，去迎接"柳暗花明又一村"。

（五）正和奇胜

问：面对家庭难题，因个人阅历、想法不一致，有时沟通起来特别困难。在这种情况下，怎样才易于家人之间达成共识、打破僵局？

对：正和奇胜。《势篇》曰："凡战者，以正和，以奇胜。故善出奇者，无穷如天地，不竭如江河。""奇正之变，不可胜穷也。奇正相生，如循环之无端，孰能穷之？"

家事夹议：《孙子兵法》推崇一种"不守常"的逻辑，那就是反常用兵，出奇制胜。孙子认为，凡是用兵作战，一般都是以堂堂正正的作战方式与敌人交战，以灵活机动的战略战术出其不意地战胜敌人。奇正的变化就像循圆环旋绕，无始无终，无穷无尽。家庭生活当中，化解矛盾、消除歧见，大可不必拘泥于一种模式、一种方法，其实有许许多多的路径可以选择。在常规方法难以奏效的情况下，或为配合常规方法的使用，通过反常的举措往往会收到意想不到的效果。

建筑师黄永洪有一次谈到他和父亲的关系。在他小时候，父亲是传统的严父，孩子们几乎难得看到他的笑容，总像老鼠见猫似的能躲就躲。他读书工作常年在外，每次回家也还是敬而远之。但是成年以后，他渐渐发现，严父在他儿时常常很想表达对自己的爱，却不知怎么做，甚至还发现当年令人畏惧的严父其实隐藏了些童心。于是，他决定设法帮助父亲拿下严肃的面具，让父亲更轻松自在。硬"摘"，肯定不成。有一次，黄永洪拖着父亲去看一种很开放、很前卫的舞蹈，严肃的老父亲头一次走进这样的场所，而且还是跟儿子一起，难免尴尬。儿子鼓励他说："没关系。"黄永洪暗中观察父亲的表情，父亲表现得既好奇又惊喜。一场表演下来，父亲好像和儿子更亲近了，跟儿子间的话也多了起来，慢慢在亲情中增加了友情。

国学大师季羡林在特殊年代成为被批斗的对象，一度想自杀，但未遂。令季先生不解的是，和自己相濡以沫、相敬如宾的妻子彭德华明明知道他有自杀的行为，却没有阻止。他不禁问："既然你不想让我死，为什么不阻拦我？"彭德华擦拭眼泪后坦承："既然活着比死去还要痛苦，作为你的妻子，我愿意替你受苦。照顾老人和孩子，让你解脱。"听了彭德华的话，季羡林彻底打消了自杀的念头。彭德华仅有小学文化，而季羡林是大学教授，但两人不离不弃、相伴到老，很大程度上缘于彭德华的贤淑善良、善解人意和对丈夫的温言馨语。

在家庭中，亲情可以成为润滑剂，也可以把摩擦系数无限变大。在单位里领导的话不能不听，自己的职责不能不尽；在社会中基本的规则不能不遵守，同学、同事、朋友之间的感受不能不照顾到。而在亲情面前，家人之间的相处与互动，往往可以讨价还价，可以置之不理，可以任性发脾气。从这种意义上讲，齐家要比做官难得多。特别是在家庭处于逆境时做家人的工作，不仅要费更多的口舌，还要动更多的脑子，需要拿出一些打破框框、突破常理、针对性很强、派得上用场的新奇思路与办法。

（六）以迂为直

问：如何处理和对待家庭生活中长辈犯错的问题？

对：以迂为直。《军争篇》曰："军争之难者，以迂为直，以患为利。故迂其途，而诱之以利，后人发，先人至，此知迂直之计者也。""先知迂直之计者胜，此军争之法也。"

家事夹议：孙子认为，战场上争夺先机之利，最难的是如何把迂远转化为直近，把不利转化为有利。所以，走迂回的道路并以小利诱惑敌人，使其改变行军路线，这样我方就会比敌人后出发而先到达。懂得迂直转化关系而精心谋划的一方，就能够取得胜利。英国战略理论家利德尔·哈特有句名言："在战略上，最漫长的迂回道路，常常又是达到目的的最短途径。"他的这一重要论断，就来自《孙子兵法》"以迂为直"的重要思想。

"以迂为直"，不仅在战略指导上极具价值，而且在具体事项的处理上也屡试不爽。汉武帝的奶妈在皇宫里住了几十年，仍不愿意离开皇宫去外面生活。起初汉武帝倒没有撵奶妈走的意思，但随着奶妈年龄越来越大，说话有些啰唆，还好管闲事。汉武帝渐渐有些厌烦奶妈了，一怒之下便责令奶妈搬出宫去。奶妈无可奈何找到了汉武帝的贴身红人东方朔，请东方朔帮忙说句话。很显然，这个时候直接让一言九鼎且心坚意决的汉武帝改变主意是不可能的，而直接批评皇上忘恩负义更是行不通的。东方朔想了想说："当你向皇上辞行时，只需回头看皇上两次，我就有办法了。"这天，奶妈叩别汉武帝，热泪盈眶，边走边回头看汉武帝。东方朔乘机大声说："奶妈，你快走吧！皇上现在已用不着你喂奶了，还担心什么呀！"汉武帝见奶妈对他恋恋不舍的样子，心里本来就有些难受，此时听了东方朔的话，顿时心感惭愧，心想，奶妈又没犯什么大错，自己这样做实在是有些过分了。于是，他马上收回了成命，留奶妈继续住在宫里。

世界上绝大多数人为人处事都喜欢直来直去，有什么说什么，不喜欢总是藏着掖着、绕来绕去的。按理说，家人之间更没有必要兜圈子、绕弯子，也不用说话留半句、做事遮遮掩掩的。不过，"逆耳的忠言"，即便是家人之间也不太愿意听。有时过于直率的言行照样会伤着家人。在"中国式家庭"，长辈常常有着不可动摇的权威，即使在现代家庭之中，他们也很看重面子，实打实地让他们看到自身的问题，面对面地让他们改变主意，将会伤害他们的自尊心，让他们下不来台，使事情变得更加复杂。孩子也是这样，小小年纪自尊心却很强，有的心理还很脆弱，他们犯了错误如果一味"直击"，很容易造成逆反，甚至酿成悲剧。

"以迂为直"，是一种旁敲侧击，一种委婉的提示，一种无防范无对抗心态下的交流，是一种"随风潜入夜，润物细无声"式的互动，不仅给对方提供了"梯子"，留足了面子，也打开了思维通道，最适用于长辈和孩子。

（七）杂于利害

问：现代人总是围绕买不买房、跳不跳槽、投不投资等问题纠结，最后却错过了最佳时机。而当看到别人过上了好日子，自己却仍在苦水中扑腾时，则更加纠结不堪。那么，这种"纠结病"该如何克服？

对：杂于利害。《九变篇》曰："是故智者之虑，必杂于利害。杂于利，而务可信也；杂于害，而患可解也。"

家事夹议：孙子认为，聪明的将帅考虑问题，必会兼顾利与害两个方面。在不利情况下要看到有利的条件，大事才可以顺利达成；在有利的条件下考虑到不利的因素，祸患才可以预先得到排除。我的朋友小杨，部队转业后在市建行做保卫工作。当时银行系统的工资算是高的，但小杨养家糊口、照顾在老家的父母姊妹常常是捉襟见肘。他时常为无法让家人过上好日子而苦恼。2003年，他决定"下海"经商。当时妻子难以理解他放着好好的工作不干，竟然要丢掉"铁饭碗"去冒险。所以，妻子坚决反对他的做法，甚至说要和他离婚。小杨并没有动摇，他用存款在烟台开发区给父母买了套房子，

117

把两位老人从老家接了过来。他说，离父母近了可以减少牵挂，也能够安心创业。买完房后，小杨手里仅剩下 5000 元钱。在朋友的帮助下，他用这区区 5000 元钱开始创业，在短短三个月内公司就起步了。经过多年打拼，公司有了长足的发展，小杨跃身为成功的房地产商。提起这段经历，小杨特别感激家人的包容与谦让，也庆幸自己在银行系统工作多年的见识和交往。他说，当时的决定不是一时头脑发热，他必须要对老婆孩子、对家中老人负责，也要对自己的人生负责。他说他是在反复权衡按部就班过"稳日子"与"下海"创业过"险日子"的利害，权衡自己的优势条件与不利因素后，才下定决心的。

每个人都会经常在生活中面临种种选择，而如何选择对人生的成败得失关系极大。同时，每次选择又都是利与弊如影随形地纠缠在一起，常常让人犹豫不定，不知如何是好。决策过程中这种犹豫不定、迟疑不决的现象，被称为"布里丹毛驴效应"。这种效应的悲剧就在于，毛驴面对同样的两堆草，不知道吃哪堆好，于是在不断的选择中让自己活活饿死。人的悲剧在于，或只看到了有害的一面而不敢去取，结果丧失了良机；或只看到了有利的一面而贸然去取，结果陷入了泥潭和深渊；或既看到了利又看到了害，不知如何选择是好，像布里丹小毛驴一样，在左顾右盼中沉沦和毁灭。

《孙子兵法》要求"杂于利害"，说到底就是该求的利要求，该容的害也得容，因为只有利没有害的事世上几乎没有。在这个前提之下，来权衡利弊得失谁大谁小，进而按照"两害相权取其轻，两利相权取其重"的原则，进行取舍，做出决策。唯有明确权衡之要，掌握权衡之道，才能得心应手地做出选择，抓住机遇，也才可避免布里丹毛驴的悲剧。

（八）必取于人

问：现实中，有不少父母因孩子与恋爱对象的属相不配、"八字"不合，执意要把他们拆开，闹得家庭关系很僵。那么，对这种情况该如何看待？

对：必取于人。《用间篇》曰："先知者，不可取于鬼神，不可象于事，不可验于度，必取于人。"《九地篇》亦曰："禁祥去疑，至死无所之。"

家事夹议：孙子认为，事先了解敌情，不可祈求于鬼神，不可用相似的事去模拟，不可用日月星辰运行的度数去验证，一定要取之于人，即从熟悉敌情的人那里获取情报。

"宣室求贤访逐臣，贾生才调更无伦。可怜夜半虚前席，不问苍生问鬼神。"唐朝大诗人李商隐的一首《贾生》，道破了封建帝王的迷信之悲，也彰显了孙子思想的伟大之处。晚唐皇帝大都崇佛媚道，服药求仙，不顾民生，不任贤才，诗人在诗中看似挖苦西汉文帝，实际是讽刺晚唐皇帝。当然，在"问鬼神上"，汉武帝较之晚唐皇帝，则有过之而无不及。汉武帝可谓一代明君，然而晚年成天想着求仙之事，孜孜追求着"长生不老"。明知方术之事没有效果，却还是抱着幻想，痴迷于此而不能自拔。《宋史·真宗本纪》记载："（宋真宗）及澶渊既盟，封禅事作，祥瑞沓臻，天书屡降，导迎奠安，一国君臣如病狂然。"也就是说，宋真宗崇信符瑞方术之事，惹得宋代宫廷再现了汉武帝时期追求方术的狂热虚妄气息。

秦始皇、汉武帝、宋真宗们求仙问方，个个"乘兴而来，败兴而归"，早已用严酷的事实戳破了封建迷信的那层窗户纸，然而后来人宁信其真而不信其假，就像《孙子兵法》早就提出"禁祥去疑""不可取于鬼神，不可象于事，不可验于度"，而后来者并不以为然，依然趋之若鹜，实在是愚昧至极、可悲至极。在科学文化高度发达的今天，仍然有一些人，"不信马列，信鬼神"，可见彻底清除封建余毒是何等不易。当今让人可笑又可悲的是，有的人为了自己的"好前程"，阳宅阴宅找人看"风水"，所到之处拜庙堂，到头来却是竹篮打水一场空；有的贪官为了自己"保平安"，在家设佛堂，出门算"吉日"，到头来还是没有逃脱疏而不漏的法网。至于那些游荡于街头巷尾、殿堂庙宇，为人"指点迷津"的"大师"，之所以能屡屡得手，利用的还是善良者的"鬼思神想"。

《孙子兵法》主张"禁祥去疑""必取于人"，启示人们，人才是最根本、最重要、最活跃的主导因素，局在人谋，路在人走，事在人为，功在人建。常言说，呼天天不应，叫地地不灵。一事当前，鬼神帮不了你，"方术"救不了你，"八字"也奈何不了你；而如果一味痴迷于它，注定会加害于你。居家过日子，与其迷信那些虚无缥缈、压根就不存在的东西，不如相信自己的能力和努力。自己的命运，最终还得靠自己去掌控和把握！

（九）善修其功

问：有些家庭在当地办工厂、建养殖场，率先实现了发家致富，为当地经济发展做出了贡献，但同时也给周围的环境造成了一定的破坏和污染，引起了人们的不满。有的因此被迫关门，有的成本陡升、收益下滑，经营环境受损难复。用《孙子兵法》的思维来剖析，这是一种什么性质的问题？

对：不修其功。《火攻篇》曰："夫战胜攻取，而不修其功者，凶，命曰'费留'。"

家事夹议：孙子认为，打了胜仗，攻取了土地城邑，却不能巩固战争胜利成果的，就必定会有祸患。这种情况叫作"费留"。也就是说，筹划指导战争，既要考虑战胜的问题，更要考虑"全胜"的问题。赢得战场上军事的胜利，仅仅是第一步，赢得政治、赢得经济、赢得民心、赢得和平，达成"全胜"目标才是最根本的。

孟子在《滕文公上》有载："为富，不仁矣；为仁，不富矣。"可以看出，孟子把富与仁、利与义尖锐地对立了起来，认为二者不可兼得，这与古代社会上流行的"为富不仁"或"为仁不富"的说法是相吻合的。孟子的说法，虽然反映了当时的一种社会现象，但仍有失偏颇。司马迁就说过："君子富，好行其德。"为国为民疏财济困，在封建社会就一直在提倡，这样的典型事例也不胜枚举。

实际上，对富与仁、利与义的关系，还是孔子的说法具有辩证思想。他说："君子喻于义，小人喻于利。"在孔子眼里，道德高尚的君子重义而轻利，唯利是图的小人重利而轻义，他要求把义摆在第一位，"见利思义"。孔子虽然对"利"颇有"成见"，但并没有一味排斥。利，是人之所欲，也是每个人生存和进取的动力，谋利、逐利本身并没有错，但对利的追求应该受到一定的制约，也就是不失德义。

富与仁、利与义，不仅不是对立的关系，而且是相辅相成的。失去了义的利，不可能持续；离开了仁的富，不可能长久。那些靠坑蒙拐骗、假冒伪劣"发展"起来的企业，没有一个能生存下来；而那些质量为先、诚信为先、民意为先的企业，多数都能行稳致远。一些企业、家庭在发展过程中误入歧途、走入困境，与"富者不仁，仁者不富"的思想是分不开的。

一个家庭搞经营、谋致富，讲究经济效益，最大限度地追求利润，这是天经地义、理所当然的，但什么时候都不能见利忘义、舍义逐利，也不能急功近利、盲目求利。《孙子兵法》反对"不修其功"，要求避免"费留"，这是一个具有广泛指导意义的思想。那么，对一个家庭来讲，何为"不修其功"，何为"费留"？说到底，就是利字当头，不顾其余，也就是富而不仁、富而不雅、富而不美、富而不尊。所以，一个家庭既要追求经济效益，又要讲求社会效益，绝不能以损害社会利益来换取经济效益；既要追求眼前效益，又要注重长远效益，绝不能为了一时之得，"杀鸡取卵"；既要追求物质上的富有，更要注重软实力上的富足，绝不能当金钱上的"巨人"，精神上的"矮子"。

（十）胜而益强

问：有些家庭，在自身的持续努力和社会的热心帮扶之下，慢慢走出困境。此时此刻，《孙子兵法》能给他们带来什么启示？

对：胜而益强。《作战篇》曰："故车战，得车十乘已上，赏其先得者，而更其旌旗，车杂而乘之，卒善而养之，是谓胜敌而益强。"

家事夹议：孙子认为，在车战中，凡是缴获战车十辆以上的，就要奖赏最先夺得战车的士卒，并且换上我方的旗帜，混合编入自己的战国行列。对俘虏来的士卒，要给予善待和教养并使用他们，这就是所谓战胜敌人而使自己更加强大。

某动物学家在非洲考察时，意外地发现河东岸的羚羊比河西岸的羚羊繁殖能力强，奔跑速度每分钟也要快 13 米。为解开其中的奥妙，在当地动物保护协会的协助下，动物学家进行了一项实验，在河两岸分别捉了 10 只羚羊送到对岸生活。结果惊人：送到西岸的羚羊繁殖到了 14 只，而送到东岸的羚羊只剩下 3 只，有 7 只竟然被狼吃掉了。谜底最终揭开：东岸羚羊身体强健，是因为它们附近住着一个狼群，这个对手迫使羚羊每天都处在一个紧张的环境中。为了生存，它们才变得越来越有"战斗力"。而西岸的羚羊种群衰退恰恰是因为缺少天敌。

动物如此，人也不例外。人的活力离不开外部的刺激和环境的压力，否则就会养成惰性，甘愿平庸，最终庸碌无为。一个人最可怕的是没有对手，一个群体最可怕的是没有挑战，一个家庭最可怕的是贪图安乐。康熙曾在登基 60 年之际举行的寿宴上说："这杯酒我要敬我的敌人：吴三桂、郑经、葛尔丹以及鳌拜。因为正是他们逼着我建立了丰功伟绩，没有他们，就没有今天的朕，我感谢他们。"在克服困难中壮大自己，在应对挑战中超越自己，这是中华人民共和国奋斗历程的生动写照。中国的许多关键技术，就是在外部的封锁打压下实现自主创新和不断突破的。2019 年年底，任正非在接受《洛杉矶时报》采访时说："美国实体清单的做法，其实是帮助了华为公司，华为员工真正感到危机来了……如果不好好工作，不仅华为会死掉，他们也会'死'掉。由于全体员工太努力了，导致华为公司今年经营状况非常好，这就是带来的一个大变化。"

对一个家庭来讲，困难就是对手，就是敌人，它既是一个挑战者，也是一个同行者，还是一位最好的老师。困难可以唤起家人的斗志，磨砺家人的意志，涵养一种敢于斗争、善于斗争的精神，让一个家庭变得更坚强，能经得起更多更大的风雨。困难是一块磨刀石，可以让家人积累经验、积累信心、积累进步，让家庭变得更加成熟、更加智慧、更加强大。正所谓"胜敌而益强"。所以，大智者，必定敬畏对手、敬畏困难、敬畏挑战，而不是害怕、厌烦与躲避。一个人也好，一个家庭也好，不仅要不怕困难，迎难而上，还要视困难为财富，变困难为机遇，紧紧地抓住困难，巧妙地借助困难，以困难为擎，拜困难为师，踏困难为梯，在不断克服困难中砥砺前行，走向新高。

一个家庭走出了困境，但并不意味着前进之路从此变得一帆风顺，注定仍会有这样那样的困难，等着他们去破解；也不会因搏击困境而透支了精气，甚至有了选择平庸度日、与世无争的理由。"有风有雨是常态，风雨无阻是心态，风雨兼程是状态。"每个家庭、每个家人当以此共勉！

123

三　致富丰家的孙子智慧

经济是家庭的命脉，致富丰家是每个家庭的梦想与追求。能挣钱、善理财，也是人生价值的一种体现。那么，如何能让一个家庭富裕起来呢？人们或许能从《孙子兵法》的智慧之中悟出一些生财、理财的门道。

（一）不再不三

问：每个家庭都期望过上物质富足的好日子。那么，致富的秘诀是什么？

对：不再不三。《作战篇》曰："善用兵者，役不再籍，粮不三载；取用于国，因粮于敌，故军食可足也。"

家事夹议：孙子认为，善于用兵打仗的人，兵员不再次征集，粮秣不多次运送；武器装备自本国国内取用，粮食、饲料在敌国补充。这样，军队的粮草供给就能得到满足。

孙子这一后勤保障的原则，揭示了一个非常重要的思想：节流开源。《荀子·富国》曰："故明主必谨养其和，节其流，开其源，而时斟酌焉，潢然使天下必有余，而上不忧不足。"荀子的富国思想与孙子的战争保障原则，是一脉相承的。

一个国家需要开源节流，一个家庭同样需要"两手抓"：一手抓节流，一手抓开源。不过，时下一说到开源节流，许多人首先想到的是如何开源，而对节流往往不以为然，觉得在当今时代钱是挣出来的，而不是省出来的。特别是年轻一代，把敢花钱、能花钱看成是时尚，是大气，而把节省、惜财看成是小气，是抠门。所以，花起钱来大手大脚，有钱的也花，没多少钱的"打肿脸充胖子"也要花。然而，要过上好日子，钱该挣的要挣，该省的还得省。随着国家经济的发展，现在每个家庭的收入都有了很大提高，创业生财的路子也越来越广，每个人只要肯用脑、肯下力，不挑三拣四，就能挣到钱。不过，钱也许好挣了，但花钱的地方也越来越多了，生活和教育的成本也越来越高了，每个家庭的开销都在蹿升。对一般家庭来说，光挣不省注定是不够用的。实际上，家庭生活中就有许多可以节流开源的途径和地方。虽然看起来微不足道，但是日积月累，也能"集腋成裘"。老辈人都说，吃不穷，穿不穷，算计不到一世穷。好日子，从某种程度上讲，是"精打细算"出来的。

　　节俭持家家业旺，勤劳为财财源多。日本丰田汽车公司，号称"车到山前必有路，有路必有丰田车"，他们在成本管理上从一点一滴做起，劳保手套破了要一只一只地换，办公纸用了正面还要用反面，厕所的水箱里放一块砖用来节水。英国女王伊丽莎白二世经常说的一句英国谚语是："节约便士，英镑自来。"每天深夜她都亲自熄灭白金汉宫小厅堂和走廊的灯，她坚持皇家用的牙膏要挤到一点不剩。《管子·枢言》曰："家室富足，则行衰矣；爵禄满，则忠衰矣。"开源节流，体现的是节俭、惜财的品格，是任何人都不可或缺的品质，任何时候都不会过时的。并且，越是物质富足的时候越需要培养艰苦奋斗精神，防止和避免"富足行衰"。曾国藩说过："既奢之后，而返之于俭，若登天然。"节俭要从点滴抓起，贯穿到致富的全过程，与开源相得益彰。

125

（二） 未战而庙算

问：对财力有限的家庭来讲，如何投资才能获得最大的经济收入？

对：未战而庙算。《计篇》曰："夫未战而庙算胜者，得算多也；未战而庙算不胜者，得算少也。多算胜，少算不胜，而况于无算乎？吾以此观之，胜负见矣。"

家事夹议：孙子认为，凡在开战之前就预计能够取胜的，是因为筹划周密，胜利条件充分；凡在开战之前就预计到不能取胜的，是因为筹划不周，胜利条件欠缺。筹划周密、条件充分的就能取胜；筹划不周、条件不足的就无法取胜，更何况不做筹划、毫无条件的呢？我们根据这些因素来观察分析，那么谁胜谁负也就显而易见了。

中国古人有敬天法祖的传统，有关国家大事的决策必须在大庙之中进行，此即为"庙算"一词的来源。孙子所谓的"庙算"，也就是战前的综合评估。孙子不仅重视算"胜负账"，而且颇善于算"经济账"。为什么孙子主张慎战？他重点从经济角度做了阐释。他认为，战争投入太大、消耗太大，对国家经济和民众生活的影响太大，一旦打输了后果十分严重。战争的成本如此之高，风险如此之大，很不划算，应该尽力避之。为此，他在《火攻篇》中提出了"十二字方针"："非利不动，非得不用，非危不战。"再进一步说，就是一句话："合于利而动，不合于利而止。"也就是说，如果合算就可以考虑打，不合算就不要打。

决策战事需要算"经济账"，决定家庭投资也需要算"收入账"。有一位朋友，十几年前来到省会城市打拼，后来准备在城里结婚成家。家里为了给他买婚房，凑了一大笔钱。那时候房价还不像今天这么高，买房子的确是最好的时候。然而，这位朋友并没有买婚房，

修齐看孙子

而是瞒着家里和未婚妻，把这笔钱投到了股市上。未婚妻知道后，觉得这人"不靠谱"，就毅然决然地离开了他。他在股市上挣了第一桶金后，果断地退出，又和朋友联合办起了实体，现在成了一家上市公司的大股东之一。有了钱就不愁没房子，很快家里购置了多处房产，全家人住上了令人羡慕的大别墅。说起这段经历，他说这全得益于一个"算"。他说的这个"算"，借用《孙子兵法》的话来说，投资股市和实体"胜"在"得算多也"，即得利多，故而优先取之；买房子"不胜"在"得算少也"，即得利少，故而退后求之。

"多算胜，少算不胜。"孙子认为，做决策一定要谋在先、算在前，粗略计算不行，必须精密计算。那么，在确定家庭投资的方向与项目时，该如何"多算"？需要把握三点：一方面，要充分考虑到影响投资的各种因素，把相关的"五事""七计"逐一列出来，进行综合评估、综合权衡，防止以偏概全；另一方面，既要算利的大小，还要算成功的概率和承受的风险，防止"唯利是图"；再一方面，要集思广益，注意吸取别人的经验和教训，听取行家的看法和建议，重视家人的意见和感受，防止一意孤行。总之，投资是"家之大事"，不可不察也，不可不算也。

（三）先为不可胜

问：家庭投资的成败，对家庭生活的影响很大，失败的投资甚至会造成一个家庭难以承受之痛。那么，家庭投资最需要把握的原则是什么？

对：先为不可胜。《形篇》曰："昔之善战者，先为不可胜，以待敌之可胜。不可胜在己，可胜在敌。"

家事夹议：孙子认为，从前善于打仗的人，总是预先创造自己不会被敌人战胜的条件，然后等待可能战胜敌人的机会。不被敌人

127

战胜的主动权掌握在自己的手里，能否战胜敌人则在于敌人是否有隙可乘。

打仗要先使自己立于不败之地，然后再考虑战胜敌人的问题。家庭投资也是这样，要基于确保家庭生活不受根本性影响去综合考虑。打仗有危险，投资有风险。对一个家庭来讲，承受和应对风险的能力是十分有限的。这就决定了家庭投资必须慎重行事，量力而行，绝不能头脑发热，不能搞"一锤子买卖"。有的人拿出家里所有的积蓄搞投资，还厚着脸皮东借西凑，甚至把仅有的房产都抵押上，结果赔得一塌糊涂，房子易主，车子易人，债主"易脸"，一家人"一夜回到解放前"，成了"上无片瓦，下无立锥之地"的"无产阶级"，最后落得个家破人亡，着实令人唏嘘。

商场如战场，投资当然需要勇气、气魄，前怕狼后怕虎，注定一事无成。然而，从根本上讲，投资并不是勇者胜的游戏，而是智者胜的逻辑。没有智慧的冲动，叫鲁莽。孤注一掷，不给自己留后路，"投之亡地然后存，陷之死地然后生"，这个规律，在这里行不通，不适用。《九地篇》说："疾战则存，不疾战则亡者，为死地。"投资有一个很长的运转过程，不可能即投即赚、马上"变现"。市场变幻莫测、夜长梦多，投资者把自己置于没有退路、没有回旋余地的"死地"，并没有必然的"然后存""然后生"，是非常危险的。

投资当然要敢于承担风险，就像希腊船王亚里士多德·奥纳西斯说的，"我们不应指望海水能平静，我们必须学会在强风下航行"，但一定要把风险控制在家庭可以承受的范围之内。懂得危险，才能冒险。沃尔特·安德森说："要想活得好，必须冒险——首先要冒的也是最难冒的险是对自己诚实。"家庭投资必须在组织风险评估的前提下，审慎确定投资的规模、方向和具体项目。要坚持底线思维，划定不可逾越的投资红线。原则上讲，应以保障基本生活为下限，即使投资失败，生活质量总体上也不会受到大的影响。

投资敢于冒风险的同时，还应该有应对风险的预先计划和措施。李嘉诚在谈到做生意的窍门时说过："手头上永远要有一样产品是天塌下来你也能赚钱的。"一个家庭的投资，也应敢冒险、求保险，至少"不要把鸡蛋放在同一个篮子里"。

（四）因利而制权

问：都说商场如战场。那么，家庭投资与经营在市场竞争环境下该如何出招、变招？

对：因利而制权。《计篇》曰："势者，因利而制权也。"

家事夹议：孙子认为，所谓"势"，就是要根据是否对己方有利而灵活实施权变。说白了，就是怎么有利就怎么行动。利之所指，力之所使；利之所驱，力之所生。秦国"因利乘便，宰割天下，分裂山河"；楚汉因争利而逐鹿天下，为夺利而杀得天昏地暗。战场上要为利而战，商场上要为利而争；战场上要围绕着利来灵活施变，商场上要围绕着利来随机施策。

那么，如何做到"因利而制权"？这仍可以从《孙子兵法》中找到答案。《势篇》曰："凡战者，以正合，以奇胜。""战势不过奇正，奇正之变，不可胜穷也。"对家庭致富来说，直接投资是正，间接投资是奇；利好时投资是正，逆势时投资是奇；显利处投资是正，隐利处投资是奇；投资是正，撤资是奇……用奇用正，应根据利的需求、利的大小、利的风险度等来确定。有人举了这样一个例子：一个裁缝在吸烟时不小心将一条高档裙子烧了个窟窿，致使裙子成了废品。这位裁缝为了挽回损失，灵活机变，在裙子四周剪了许多窟窿，并精心饰以金边，然后将其取名为"金边凤尾裙"。这

129

款裙子不但卖了好价钱，还一传十，十传百，使不少女士上门求购，生意十分红火。这就是"因利而制权"，也是一种"出奇制胜"。

我在老家有一位发小，十几年来一直坚持养猪，有钱可赚时养，没钱可赚时也养，少时几十头，多时上百头。在他看来，小猪变肥猪有一个过程，等到猪肉贵的时候再养，猪养起来很可能就过了好时候，只有蓄势待发，才能抓住赚钱的机遇。他说，猪肉降价，就意味着快涨价了，因为人总要吃肉，一旦养猪不赚钱，养的就会变少，过段时间肉价必然要涨上来。这些年下来，猪价有升有降，这位发小总体上还是有钱可挣的，特别是2019年肉价蹿升，他着实地赚了一把。这种基于对肉价规律把握的"以不变应万变"，也是一种"因利而制权"，是另一种"出奇制胜"。当然，说是"不变"，其实也有"微变"：猪肉贵的时候，他把大量猪仔卖掉，总能卖到好价钱；猪肉便宜的时候，他把大量猪仔养起来，等到猪养大了，猪肉价又上来了。

有这么一家自助餐厅，平日里生意还算不错。由于餐厅经常出现食物浪费现象，影响了店家的收入。于是，店家绞尽脑汁，想要找到一个好的解决办法。想来想去，店家出台了这么一条规定：凡是在本店进行消费的，若发现浪费食物等现象，一律罚款5元。虽说这样的规定让店里减少了浪费现象，但生意一天不如一天。正在店家一筹莫展的时候，一位朋友建议换换思路，将消费价格抬高5元，然后将规定改为：凡在店里没有出现浪费现象的食客，将有5元的奖励。得知这样的规定后，不少顾客踊跃进店消费，从而让店家的生意越来越好，浪费现象也不复存在了。这种由罚变奖，是一种"奇正之变"，是建立在逆向性思维之上的"因利而制权"。总之，唯有那些善于权变的人，才能创造有利的态势，获得较大的利益。

修齐看孙子

（五）饵兵勿食

问：商场中掉入陷阱、吃亏上当的现象时有发生。在家庭致富路上，该如何有效避免此类现象的发生？

对：饵兵勿食。《计篇》曰："利而诱之。"《军争篇》曰："饵兵勿食。"

家事夹议：孙子认为，用兵打仗，敌人贪利，就利诱它。敌人用小利作诱饵，不要理睬上当。然而，现实中诱与利往往是连在一起的，正所谓"人见利而不见害，鱼见食而不见钩"。北齐刘昼《刘子·贪爱》中记载："蜀侯性贪，秦惠王闻而欲伐之。山涧峻险，兵路不通，乃琢石为牛，多与金日置牛后，号牛粪，言以遗蜀侯。蜀侯贪之，乃堑山填谷，使五丁力士以迎石牛，秦人帅师随后而至，灭国亡身，为天下所笑。"这便是孙子既倡导"利而诱之"，又告诫"饵兵勿食"的原因所在。

孔子曰："无欲速，无见小利。欲速则不达，见小利则大事不成。"北齐刘昼也说过："小利，大利之蛀；贪小利，则大利必亡。"在当今激烈竞争的商场上，有舞台、有商机，也有陷阱、有骗局，而那些陷阱与骗局多是以小利为诱饵的。现在网络上有许多充满诱惑力的广告，炫耀怎样网上兼职，如何日进斗金。这其实是陷阱的常见方式，许多人轻信这类广告，生怕错过挣钱的机会，最后却竹篮打水一场空，不赚反赔。24岁农村小伙阮某，2018年11月，经朋友推荐，从网上下载了某理财平台。平台称开户投资即可获得返利，投资少、收益高、到账快。小阮很是心动，一次就开了三个账户，一共投了18500元，并且都是通过扫描对方提供的二维码进行付款。12月初，小阮将利息和本金都取了出来，一算竟然获利3000元。小阮想着坐在家里就能挣钱，胆子更大了。于是，他以同样的方式

131

向三个账户共投了 40800 元。12 月下旬小阮发现平台已经关闭，这才意识到自己被骗。小阮随即向当地公安局刑警大队报案。

股神巴菲特说："不参与自己理解不了的事，这点可以避免卷入层出不穷的骗局。骗局都是说些你不理解的事。"网上投资诈骗，骗子瞄准的就是对 APP 理财投资知识缺乏了解的人群，他们通过一系列伪造、包装，迷惑受害人注册。再以"保本收益""日日分红""周周分红""小额利息"等极具诱惑性的宣传语吸引投资者，等受害人投入小量资金后，前期定时"分红返利"，等受害人追加投资，或者介绍亲友投资后，骗子就会关闭网站，销声匿迹。

现在商场上的陷阱、骗局借助各种技术手段，花样不断翻新，让人防不胜防。但有一点是明确的、不变的：天上不会掉馅饼，轻松赚钱是不可能的。有一条底线是必须坚守的、任何时候都不可突破的：弄不明白的投资项目，决不能盲目参与进去。有一招是可用的、有效的：只要不贪图那点小利，就不会钻进别人设好的圈套。

（六）择人而任势

问：现在有许多家庭，由于受时间和知识、经验的限制，常常委托朋友或理财公司去理财。对于这个问题，该如何把握？

对：择人而任势。《势篇》曰："故善战者，求之于势，不责于人，故能择人而任势。"

家事夹议：孙子认为，善于用兵的人，会设法创造有利的态势，而不对部属求全责备，所以他们能够选择适合的人才，充分创造和利用有利的态势。

委托他人理财，同样重在"择人"。人选对了，就会有预期的收益；人选不好，收益则难有保证，甚至可能颗粒无收，并且还会搭上本金。现实中，理财因选错人而造成重大损失的，大有人在。

有一位领导干部，家里积攒了一些存款，存在银行里嫌利息低，但自己投资既没时间也没经验。这时，这位领导想到了自己原来的司机、现在在银行系统工作的小王。小王对领导的要求一口答应，表示一定给争取最高的回报。小王虽然在银行系统工作，但对金融是外行。他凭自己的"经验"，把老领导自己的积蓄"一股脑"投在了回报率高但风险也高的理财项目上，结果把大部分本金赔了进去。这位领导觉得是小王在搞欺诈，逼着小王还钱。无奈之下，小王卖掉了家里的房子，但这位领导仍不依不饶，要求一分钱也不能少。被逼到绝境的小王一气之下对这位领导进行了极端报复，最后导致两败俱伤。

　　还有这样一位老干部，从单位退休后被一家"融资公司"高薪聘去担任副总，利用他的人脉和形象"吸金"。这家公司"融资"，利息超高，一月一付，诱惑力极大，短时间内在当地吸引了不少人。这位老干部看到别人拿到手里的一笔笔高额利息，加上"老板"的鼓动，自己也心动不已，他在组织动员别人的同时，自己也主动地参与了进来。他把自己所有的积蓄拿出来投到公司，还拉老家的亲戚朋友倾囊参与，他从中间拿些回扣。就这样，一下子从他手里投出去一两千万。不久，就在大家兴高采烈地等待领取下一个月的高额利息的时候，这家公司人间蒸发了。原来，这是一家骗子公司，"老板"看到钱"融"得差不多了，拍拍屁股，卷钱跑到国外去了。这位老干部做梦也没有料到会有这样的结局，羞愧难当，无地自容。急了眼的亲戚朋友找他要钱，他有苦难言，有心无力，无奈地对他们说："要钱，没有；要命，有一条！"后来，骗子虽然被抓了回来，但被骗走的钱大部分是回不来了。摊上这档倒大霉的事，大家怪谁都没用，只能怪自己不走脑子，看错了人！

　　委托他人理财，当然"看人"最重要。然而，问题往往就出在自己最看好、最信任的人身上。因为谁也不会随意把自己的血汗钱交给不靠谱的人。所以，找委托人既要会"看人"，更要会"认势"，懂得哪些是合法的，哪些是非法的；哪些是合情的，哪些是有悖常理的。也就是说，自己首先要清楚哪些是可任之势，哪些是不可任之势。"认势"是"任势"的前提和保证。如果能把"择人"与"任势"很好地结合起来，一般来说就不会出现大的偏差。如果做不到这两个方面，干脆就别动"挣大钱"的心思，老老实实走那些最普通、最可靠的生财之路。

（七）有所不争

问：在激烈的市场竞争中，如何争取和保障家庭的经济利益？

对：有所不争。《九变篇》曰："涂有所不由，军有所不击，城有所不攻，地有所不争，君命有所不受。"

家事夹议：孙子认为，作战中有的道路不要走，有的敌军不要打，有的城邑不要攻，有的地方不要争，有的国君命令不要机械地去执行。孙子的这一思想，对家庭致富来讲非常有指导意义。

我在老家有一位亲戚，改革开放之初就离开村里到市里开饭店，从炸油条、烙大饼做起，生意越搞越兴隆。两个儿子高中毕业没有考上大学，就先后出来跟着他干，成了他的得力助手。有一年，这位亲戚患了脑血栓，不能管理饭店了，就想交给儿子管理。他清楚，两个儿子个性都很强，俩人一起干肯定不行，但又担心无论把这个正红火着的饭店交给哪个儿子，都会惹恼另一个。正在两难之际，大儿子似乎看出了父亲的心思，主动提出把饭店交给弟弟，自己出去另谋生路。就这样，大儿子拿着分家分到的资金到另一个城市去开饭店，很快就打开了局面，后来比弟弟的生意做得还要大。弟弟也很感激哥哥的谦让与"不争"，始终代替哥哥照料双亲，为哥哥二次创业提供了不少的帮助。

我还有一位邻居，从企业下岗后在一个高档小区附近开了一家水果店，由于水果品种好、价格适中，加之有特色的人性化服务，生意一直不错。隔壁一家小超市见卖水果挣钱，也模仿他卖起了水果，对他的店冲击不小。妻子很生气，提出压价卖水果，把隔壁整倒了再说。但他说不能那样办，卖水果不行了，咱改卖鲜花，肯定能挣钱。结果，鲜花店的生意相当红火，周围的年轻人都愿意到他店里来买鲜花，收益比卖水果时还要高。这位邻居后来说，与其和别人争"气"，不如自己争气！

商场如战场，但商场上的竞争毕竟不同于战场上的竞争，并不是"你死我活"的较量与厮杀。偌大的市场海洋足以让大家各显神通、和平共赢，有机遇大家一起共享，有钱一起来挣，有争有让，各得其所。战场上，孙子尚主张"涂有所不由，军有所不击，城有所不攻，地有所不争，君命有所不受"，何况商场乎？

（八）主孰有道

问：有的家庭做生意，别人都愿意与之合作，而有的家庭别人都避而远之。其原因何在？

对：主孰有道。《计篇》曰："主孰有道，将孰有能，天地孰得，法令孰行，兵众孰强，士卒孰练，赏罚孰明。吾以此知胜负矣。"

家事夹议：孙子认为，哪一方的君主政治清明，哪一方的将领贤能，哪一方占据天时地利，哪一方能令行禁止，哪一方武器装备精良，哪一方士卒训练有素，哪一方赏罚严明，据此就可以判断谁胜谁负了。

战争胜负要看"主孰有道"，经商能否成功也要看谁"道"高一丈。1904年，陈嘉庚父亲所经营的企业破产，欠印度债主20

多万巨款，陈父当年便因破产而抑郁成疾不幸去世。按照新加坡的法律"父债子免还"，陈嘉庚虽然经济拮据，却宣布"立志不计久暂，力能做到者，决代还清以免遗憾也"。白手起家的陈嘉庚艰苦奋斗了4年，终于有了些盈利，他不顾亲友的反对，花了许多时间和精力找到债主，连本带息还清了父亲所欠的债务。当时曾有人说他"傻"，但他说："中国人聚集于世界，决不能把脸丢在外国人面前！""我们中国人一向言必信，行必果。"为此，陈嘉庚"一诺千金"的声誉迅速传遍了东南亚。此后，人们十分相信陈嘉庚的商业道德和信誉，都愿意与他做生意。可以说，陈嘉庚之所以能在家业衰败后艰苦创业10余年成为百万富翁，与他的经营之"道"是密不可分的。

　　诚信守法，是经商者必须坚守的最基本之"道"。作为一家之主，在经营中不讲诚信，偷税漏税，靠欺诈谋利，这样做只能蒙骗一时，注定不会有好的结局。而有的家庭虽然是小本经营，但重质量、讲信誉，与其打交道让人心里踏实，卖出去的东西别人用着、吃着放心，"回头客"特别多，在市场经济的大潮中能一路走下来全靠自己的信誉。对一个家庭来讲，诚信是在给自己脸上贴金，守法是在给自己护身；失信的事一件都不能去碰，违法的事一件也不能去试，因为在这个信息时代它能产生无限的放大效应，一个人、一个家庭一旦被标注上污点，是很难被洗刷掉的，今后的经商之路则更是很难走下去的。

　　如果说守法、讲诚信是家庭经商走向成功的最基本之"道"，那么还有一种值得提倡的更高境界的"道"，就是致富不忘回馈社会，也就是一人致富大家沾光、国家受益。陈嘉庚不仅是个讲诚信的成功企业家，更是一位闻名遐迩的爱国华侨。他致富后不忘苦难中的祖国，欲"尽国民一分子之天职"，自己一生节俭，却把赚来的钱无私地投入到祖国的解放事业和文教事业中，得到了人们的广泛认可，被毛泽东誉为"华侨旗帜""民族光辉"。作为一个普通的经商家庭，固然难以做出陈嘉庚那样的业绩，但应该有陈嘉庚那样的家国情怀，应该崇尚那样的经商大"道"：致富不忘乡亲，家富不忘国强。如果说给自己的经营活动做广告，这就是最好的广告；要说名片，这便是最好的名片。

四　防衰稳家的孙子智慧

　　自古就有"打江山易，保江山难"之说。实际上，岂止一个王朝、一个政权，一个家庭同样面临着这样的考验。历史上那些经久不衰的名门世家，不仅重视起家兴家，更以强烈的忧患意识注重稳家保家。曾国藩就曾在家书中告诫家人："盛时常作衰时想，上场当念下场时。富贵人家宜牢记此二语。"曾家正是因为有了这种忧患意识和一以贯之的防范措施，才能在高危的环境下跳出了"富不过三代""君子之泽，五世而斩"的"周期"。

（一）上下同欲

　　问：对一个家庭来说，该怎样打破"富不过三代"的魔咒？

　　对：上下同欲。《谋攻篇》曰："上下同欲者胜。"

　　家事夹议：孙子认为，上下团结一心、同仇敌忾的军队，能够取得胜利。孙子的这一思想，折射了一个最基本的道理：心聚才能干事，心齐才能成事。

　　一个家庭，困难的时候，大家只有一个念想，那就是努力进取，不懈奋斗，排除万难，走出困境。一旦境况好转，特别是家境发达之后，家人的心态就会发生明显的变化。有的觉得好日子来之不易，要倍加珍惜和呵护，不忘"初心"，继续奋斗，有的则觉得该歇口气，好好享受享受了；有的崇尚节俭，有的则认为节俭那是过穷日子时的事；有的坚持要"穷养"孩子，有的主张要"富养"；有的强调让家人凭自己的本事在社会上闯荡，有的主张借家庭的力量为家人在社会上铺路，等等。所以，要打破"富不过三代"的魔咒，一家人必须"上下同欲"。清康熙年间，贵州巡抚刘荫枢告老还乡后，想用一生的积蓄为家乡建一座桥，但是子女却很反对："您当了一辈子高官，我们没沾到一点光，好不容易盼到您回家，您却如此不顾我们。"刘荫枢很伤心，他觉得虽然自己一身清白，却忽视了对子女的教育。于是，他用尽积蓄，历时五年修成大桥，取名"毓秀桥"。桥修好后，他对子女说："我之所以用全部积蓄修桥，就是想用事实告诉你们，自己的路自己走，自己的生活自己闯，靠天、靠地，不如靠自己。"为了彻底打消孩子们想依赖父母的念头，他以十五两白银的价格把桥卖给了官府。刘荫枢的所作所为深深打动了他的子女，他的孩子日后都成了国家的栋梁之材。

对处于盛势的家庭来讲，做到"上下同欲"，需要重点把握好三个方面。

首先，要坚持"文""武"结合。人有"七情六欲"，但家境不济时，有些事情往往连想都不敢想，如果有了能够实现个人某些愿望的条件，"想三想四"也是情理之中的。重要的是，这种愿望不应该是信马由缰、随心所"欲"的，而是有约束有限制的，要把"欲"控制在合理、适度的范围之内。人的欲望，既不能挑战法规法纪，又不能背离社会公德，还要有利于个人的修养成长，有利于家庭正能量的积聚。在家庭中，提倡什么、反对什么，哪些可以追求、哪些不能追求，都应该是有原则、有界限的。《行军篇》曰："令之以文，齐之以武，是谓必取。"要用教化统一全家人的思想，用规矩统一全家人的步调。

其次，要坚持以上带下。"其身正，不令而行，其身不正，虽令不从。"一个单位如此，一个家庭也不例外。一家人朝夕相处，家长、长辈是家人的旗帜，更是家人的镜子，"上行"必然带来"下效"。好习惯是学出来的，好家风是带出来的。作为家长、长辈，应该处处严以律己，在读书学习、修身养性、为人处事等各个方面为家人做出样子，要求家人做到的自己首先做到，要求家人不能做的自己带头禁止，在潜移默化中影响家人、培塑家风。

再次，要坚持有唱有随。在治家上，一些家庭往往存在这样的现象：夫妻双方理念差异很大，遇事各唱各的调、各哼各的曲，给家人传递的常常是对立的情绪、矛盾的声音。比如，在一些严肃的问题上，一方义正词严，要求明确，而另一方却脱腔走板，一副无所谓的态度。这种情况的危害是不可小觑的，那些性格上有缺陷、做事容易走极端的人，多是出于这样的家庭。虽说理家是夫妻双方共同的责任，遇事彼此要互相沟通协商，但一般说来一个家还是要有一个主导者或者说是"领导核心"，在关键性的问题上形成一个"口径"、一个声音。夫妻同频共振、步调一致，一个家庭才会有很强的向心力和方向感，才能保持勃勃生机。

（二） 守心护气

问：生活在物质富足、社会地位较高的家庭之中的人，最需要怎样的心态？

对：守心护气。《军争篇》曰："故三军可夺气，将军可夺心。是故朝气锐，昼气惰，暮气归。故善用兵者，避其锐气，击其惰归，此治气者也。以治待乱，以静待哗，此治心者也。"

家事夹议：孙子认为，敌军士兵的士气可以挫伤，敌军指挥员的意志可以动摇。一般来说，军队士气在作战初期旺盛，此后就会懈怠，到了最后就会衰竭。所以善于用兵的人，会避开敌军初来时的锐气，待到其士气懈怠、衰竭时才去打击它，这是掌握和利用军队士气变化的方法。以我军的严整来对付敌军的混乱，以我军的镇静对付敌军的喧哗，这就是掌握和利用军队心理变化的方法。

一支军队在战场上，会因敌人的"治心""治气"而在士气和意志上受到挫伤和动摇。一个物质富足、社会地位较高的家庭，在"心气"上面临的挑战并不是来自外在的敌人，而是来自内在的环境。一个人在艰苦的时候，总想着向上奋斗，而安逸的环境常常会消磨人的斗志。优越的家庭环境，既可能给家庭成员带来无限的正能量，也容易对家庭成员不断地"夺心""夺气"，进而导致进取意识、奋斗精神上的退化。所以，对一个物质富足、社会地位较高的家庭来讲，如何"守心""护气"，始终保持勃勃生机，是关系到家庭前途命运的首要课题。

怎样"守心""护气"？我们可以从曾国藩身上学到"秘籍"。曾国藩认为："无论大家小家、士农工商，勤苦俭约，未有不兴，骄奢倦怠，未有不败。"家境越是富有，他越有忧患感，越强调俭谦，他叮嘱两个儿子："尔等奉母在寓，总以勤俭二字自惕，而接物出以谦慎。凡世家之不勤不俭者，验之于内眷而毕露。余在家深以妇女之奢逸为虑，尔二人立场撑持门户，亦宜自端内教始也。"曾国藩告诫家人："少劳而老逸犹可，少甘而老苦则难。""内间姒娣不可多事铺张，后辈诸儿须走路，不可坐轿骑马，诸女莫太懒，宜学烧茶煮菜。书、蔬、鱼、猪，一家之生气；少睡多做，一人之生气。勤者生动之气，俭者收敛之气。有此二字，家运断无不兴之理。"他致信四弟曾国潢："各家规模总嫌过于奢华。即如四轿之事，家中坐者太多，闻纪泽亦坐四轿，此断不可。弟曷不严加教责？即弟亦只可偶一坐之，常坐则不可。"曾国藩治家之严，由此可见一斑。

家可以成为温馨的港湾，但绝不能变成"温水煮青蛙"的"锅

141

灶"。《颜氏家训》有曰："雨泽过润，万物之灾也；情爱过义，子孙之灾也。"即使家庭物质条件再优越，也要让家人懂得节俭，学会节俭；即使家庭在社会上的路子再宽，也要让孩子懂得自己奋斗，学会自己奋斗。对一个家庭来讲，对家人就是要"狠"一些。要说善待自己、善待家人，这就是最好的善待！

（三）示弱于人

问：过于强势的家庭不仅经常会让人敬而远之，有时还会给自家惹来不小的麻烦，甚至带来灾祸。那么，作为一个有一定分量和社会影响力的家庭，如何才能与周围"打成一片"？

对：示弱于人。《计篇》曰："故能而示之不能，用而示之不用，近而示之远，远而示之近。"

家事刍议：孙子认为，用兵打仗应达到这样一个境界：有能力却表现出没有能力，准备打却表现出不准备打，要从近处攻击敌人却表现出从远处攻击敌人，要从远处攻击敌人却表现出从近处攻击敌人。

示弱，是强者最睿智的一种手段与艺术。战场上示弱于敌，敌人就容易松懈麻痹、骄狂失据。人与人相处，人们总是容易同情弱者，嫉妒强者，即所谓的高处不胜寒。生活中示弱于人，别人就容易接受你，就不会轻易地排斥你、刁难你、加害你。所以，真正聪明、成熟的人，为人处事总是放低身段，不事张扬，保持低调。

曾国藩深谙盛极而衰的规律，他在写给弟弟国荃、国葆的信中，训诫弟弟们："余家目下鼎盛之际，余忝窃相位，沅所统近二万人，季所统四五千人，近世似此者曾有几家？沅弟半年以来，七拜君恩，近世似弟者曾有几人？日中则昃，月盈则亏，吾家亦盈时矣。管子云：'斗斛满则人概之，人满则天概之。'余谓天之概无形，仍假手于人以概之。霍氏盈满，魏相概之，宣帝概之。诸葛恪盈满，孙峻概之，吴主概之。待他人之来概而后悔之，则已晚矣。吾家方丰盈之际，不待天之来概、人之来概，吾与诸弟当设法先自概之。"曾国藩为了避免有"树大招风""功高震主"的传闻而招致灾祸，在严格约束家人的同时，多次推功于人，并且在剿灭太平天国后，主动裁撤湘军，让弟弟曾国荃以病为由辞官回乡。曾家的低调，让别人无话可说，也打消了朝廷的疑虑，从而确保了曾国藩及其整个家族的安全。

逞强滋生灾祸，示弱可助消灾。一个家庭，强势待人，盛气凌人，就会惹人嫉、令人厌、招人恨，甚至被人背后插刀。一旦遇到危险和困难，也不会有人提醒、有人帮扶。一个家庭，选择了低调，也就选择了融入群体，也就远离了高人一等，远离了居高临下，就会让人亲近和接纳。这样的家庭，有人敬仰，有人维护，遇事有人帮衬。

家庭示弱，不是懦弱，也不是所谓的"耍手腕"，它更多彰显的是一种谦逊的态度和谦让的精神。"千里修书只为墙，让他三尺又何妨。长城万里今犹在，不见当年秦始皇。"清康熙朝文华殿大学士张英在朝廷做官，老家修缮房子，因为宅基地与邻居起了争执。家人写信给他，要求找人惩治这个"不识相"的邻居。张英看过来信，直接在上面题了这首诗，原封不动地把信寄回了家，成为历史佳话。家势越盛，越应懂得示弱于人；越示弱于人，越显家的分量。

（四）非益多也

问：有些家庭，钱挣得越来越多，但"后院"屡屡"起火"。那么，该如何扭转或避免这种状况？

对：非益多也。《行军篇》曰："兵非益多也，惟无武进，足

143

以并力、料敌、取人而已。夫惟无虑而易敌者，必擒于人。"

家事夹议：孙子认为，兵力不是越多越好，只要不轻敌冒进，并能够做到集中兵力、正确判明敌情、战胜敌人就可以了。缺乏深谋远虑而又轻敌妄动的人，一定会被敌人所俘虏。孙子的思想意在表明，物质条件并不是愈优越愈好，"够用"就可以了。

现在有许多人几乎把全部精力都用在打拼挣钱上，孩子交给老人带，很少顾及家庭，结果是事业搞得越来越红火，给家里挣的钱也越来越多，而亏欠家庭的情感与关爱也越来越多。许多孩子因此成了"留守儿童"，缺乏父爱母爱，心理受到创伤，性格变得怪异，学习成绩差，甚至步入歧途。有的家庭因夫妻间相互关爱不够，出现感情危机。有的人为了挣钱，累垮了身体，喝坏了胃，落下一身的毛病。这些损失，远远重于经济上的贫困。

对一个家庭来说，挣钱多没什么不好，大家都尝够了缺钱少物的滋味，抓住机遇为家庭多赚点钱、创下一定的家业是应该的。但也要知道，家庭生活需要的不仅仅是钱，还有其他的甚至更重要的东西。一个家庭，金钱固然是重要的，却不是万能的，许多东西靠钱是买不来的。常言说，钱多钱少没完没了，钱多钱少都有烦恼。钱多当然好，而并不是钱挣得越多越好，要看挣钱的付出和代价有多大。钱挣到了一定份上，或说大体"够用"时，一旦挣钱与顾家出现矛盾和冲突，就不宜再搞"挣钱至上"了，应毫不犹豫地调整关注点、着力点，该牺牲经济利益的时候就要牺牲经济利益，尽力去弥补对家庭经济以外的亏欠。

有人说，才华不是最重要的，金钱不是最重要的，能力不是最重要的，能让家庭幸福才是最重要的。这话是有一定道理的。真正的好伴侣，有一个共同的特征，那就是顾家。一个能让自己家庭幸福的人，才算得上有真本事的人。一个人的成功，需要用家庭的幸福指数来衡量，那才算得上真正的成功。很多男人总觉得他对家庭的责任就是付出金钱，把钱挣回来交到家里了也就"万事大吉、功高至伟"了。这无疑是片面的。其实，越是有成就的人越看淡钱、越珍惜家。人活着一定不能掉到钱眼里去，时时围着金钱转，变成金钱的奴隶，人活着还有许多有意义的事情可以去做，不能把一生的"流量"都用在挣钱上。正确的态度应当是：既拿出精力来干事创业、挣钱养家，还要拿出精力来让家庭变得更加温暖和幸福。这两个方面，都是人生价值的体现。

（五）进不求名

问：许多人为名所驱、为利所困，最终害己祸家。对此，有何忠告？

对：进不求名，退不避罪。《地形篇》曰："故进不求名，退不避罪，唯人是保，而利合于主，国之宝也。"

家事夹议：孙子认为，进不求名声，退不回避罪责，只求保全军队和民众，而又符合君主的利益，这样的将帅是国家的宝贵财富。这种"进不求名，退不避罪"的处世态度，无论是对自己的人生，还是对家庭的安定，都是大有裨益的。

秦王朝的丞相李斯才华出众，深受秦始皇的器重，他协助秦始皇统一天下，极力主张实行郡县制、废除分封制，功勋卓著。秦始皇对他不薄，给了他应该得到的名和利。然而，在秦始皇突然去世后，他为了在新朝中不失宠，在宦臣赵高的胁迫下，密谋篡改秦始皇的临终遗嘱。先是假传圣旨赐死秦始皇钦定的接班人公子扶苏和重臣蒙恬，接着借篡改后的先皇遗嘱，把胡亥推上了皇位。直到这时，野心勃勃的赵高才露出"狐狸尾巴"，他把昏庸无能的胡亥玩于股掌，挟天子以令群臣，指鹿为马，颠倒黑白，为非作歹，倒行逆施。他疯狂地铲除异己，就连曾同他沆瀣一气的李斯也没能幸免，他先是刻意陷害李斯，后来背着皇帝将其腰斩。李斯直到走出牢房，和他的次子一起被押解赴刑时，才开始怀念过去的平民生活。他回头对他的次子说："我想与你再牵着黄狗，一起出上蔡城东门去逐猎野兔，难道还可能吗？"于是父子相对而哭，随后三族同遭诛灭。

李斯及其家庭的悲剧就在于，他德才失衡、才不配位，缺乏"进不求名，退不避罪"的境界和担当，追名逐利没有底线。假如他能以国家大局为重，感恩秦始皇的器重，不计名利、敢于担当，赵高的阴谋就无法得逞，秦朝乃至中国的历史都可能改写，李斯及其家庭的悲剧就可能避免。

名与利是一对孪生兄弟，"求名"亦为利，"避罪"亦为名，二者共同打造了一把锋利无比的"双面刃"。诚然，"求名"是人生的一种动力之源，所谓"立德、立功、立言"，"名"难免会贯穿其中；"避罪"是一种自保之策，所以追求二者都是无可厚非的。但是，如果心中无底线、行动无戒尺，被名缰利索所羁绊，为个人的得失所捆绑，必将受到无情的惩罚，引来这灾那祸。

当下一些干部，工作中怕得罪人，怕出错担责，怕丢失选票，怕惹祸上身，遇事上推下卸，不敢担当，致使不作为、当老好人的"懒政"现象一度比较突出。这无疑是一种求自保的"避罪"行为。然而，这种行为并没有给一些人带来所谓的"安全"，因失职渎职而受到严肃追责者大有人在。

"进不求名"，名自来；"退不避罪"，罪自去。一个自信的人，能做到并安于"不求名""不避罪"；一个淡泊名利、敢于担当的人，即使临时吃点小亏，而从长远看，无论是个人还是整个家庭，终究是会受益的。

（六）分数是也

问：生活在大家庭中，家人喜好不同，往往"众口难调"，也容易滋生一些矛盾。作为大家庭中的长辈，该如何珍爱大家庭、维系大家庭，让大家庭兴盛不衰呢？

对：分数是也。《势篇》曰："凡治众如治寡，分数是也；斗众如斗寡，形名是也。"

家事夹议：孙子认为，治理大部队如同治理小部队一样，靠的是军队组织编制的合理；指挥大部队如同指挥小部队一样，靠的是指挥号令的贯彻。孙子的这一重要思想，对一个大家庭的治理与维护来讲非常有指导意义。

在过去，多世同堂、共居一家的大家庭非常普遍。而在当下，虽然多代同堂，但共同生活的越来越少，小家庭代替大家庭成了一种基本的家庭状态。但是，这并不意味着大家庭消失了，而是以分散的形式和较为松散的管理状态存在着。许多小家庭在经济上保持着相对的独立，生活上保持着相对的自由，而在亲情上保持着紧密的关系，在家庭事务上有着密切的交集。"打虎亲兄弟，上阵父子兵。"对每个小家庭来讲，无论是在情感上还是在生活的需求上，都离不开大家庭这个靠山。

现在许多年轻人，对大家庭既依赖又排斥，既需要大家庭的帮扶又不愿自己的生活被打扰，大家庭成员之间的关系变得十分微妙。对一家之长来说，要治理和维护好这个大家庭比以往要难得多。如果说过去管理家庭需要靠传统"倚老卖老"式的威严，现在则需要靠《孙子兵法》中"分数"的智慧思想。"分数"即组织编制，其实质与核心，就是围绕一个共同的目标，实行层级管理，分工负责，各尽其能。这一思想落实到大家庭的管理上，

147

就是各代尽好各代的责，各小家管好各小家的事，既要同心协力、有帮有助，又不越位过线，不越俎代庖。

作为一个大家庭的长辈，对每个小家庭，应该有基本的界限和尊重，保持平等相待。对各个小家庭既要关心爱护，帮助他们传承好家训、家教、家风，也要相信每个小家庭的自理能力，相信"青出于蓝而胜于蓝"，该放心的要放心，该放手的要放手，尊重各自的生活习惯和处事方式，给小家庭足够的自由和自主空间。小家庭确需帮助时，根据他们的意愿，给予力所能及的帮助，防止凡事指手画脚、婆婆妈妈，防止"热心"乱帮忙、帮倒忙。作为小家庭，应心系大家庭，自觉遵守家规家训，积极参与大家庭的事务，维护大家庭的团结，与其他小家庭一道，为整个大家庭增光添彩、加温添馨。每个小家庭都要尊重长辈，尊重他们的意愿和其他家庭的善意，当然也有拒绝的权利。对此，长辈们也应予以理解和尊重。

作为一家的长辈，要与时俱进，既要学习新知识，接受新事物，确立新观念，又要学会放下传统家长的架子，争取与晚辈们有共同的站位，有更多的共同语言，上下同频共振，左右同心协力，共续大家庭的辉煌。

（七）怒不行事

问：常言说："一着不慎，满盘皆输。"那么，一个家庭如何避免"一失足成千古恨"呢？

对：怒不行事。《火攻篇》曰："主不可以怒而兴师，将不可愠而致战；合于利而动，不合于利而止。怒可以复喜，愠可以复悦；亡国不可以复存，死者不可以复生。故明君慎之，良将警之，此安国全军之道也。"

家事夹议：孙子认为，国君不可因一时的愤怒而发动战争，将帅不可因一时的怨恨而出阵求战。符合己方的利益才用兵，不符合己方的利益就停止。愤怒可以重新变为欢喜，怨恨也可以重新变为喜悦；但是国家灭亡了却不能复存，人死了却不能再生。明智的国君对此应该慎重，贤良的将帅对此应该警惕，这是安定国家保全军队的基本原则。孙子的这一思想，可谓一贯万机，对一个国家、一支军队来讲，是何等重要！而对一个家庭来讲，又何尝不是如此？

20世纪70年代初，在我老家农村发生了一起重大的凶杀惨案，犯罪分子残忍地杀害了一母两幼子，另一女孩受重击幸免于难。杀人凶手是本村20岁出头的小伙子，看上去精干机灵。他在高中毕业后，因"家庭成分高"，想当兵却去不成，想到东北闯荡可村里不允许，内心十分苦恼和愤懑。一次他又找到村支书，要求村里出证明，允许他出去谋生路，因那时严格控制劳动力流动，遭到了村支书的严词拒绝。他恼羞成怒，撂下一句恶狠狠的"等着瞧"，气哼哼地走了。他早就听说村里有手榴弹放在民兵连长家里，便动起了用手榴弹炸村干部的念头。这天晚上，村干部在大队部开会，他觉得这是惩罚他们的良机。于是，他悄悄地来到了民兵连长家，谎称民兵连长让他到家里来取手榴弹。可家里根本就没有这东西，民兵连长的妻子当然也拿不出来。软缠硬磨之后，失去耐性和理智的小伙子突然拿出事先藏在棉衣里的斧子，疯狂地砍向了民兵连长的妻子和在家的孩子。最终，凶手罪有应得，被判处了死刑，但他那无辜的父亲却因主动为儿子担责被判了有期徒刑，从监狱里出来不久就去世了；凶手的母亲三天两头被失去儿媳和孙子的老两口找到门上辱骂，没过几年也含泪去世。一个风华正茂的年轻小伙、几个好端端的家，就这样生生被毁掉了。

人的思维受情绪的影响很大，在一定环境条件的刺激之下，一念之间常常有翻掌之思、惊人之决。其实，从某种意义上讲，人一生何不是活在一念之间：一念哭，一念笑；一念进，一念退；一念生，一念死；一念善，一念恶；一念在天堂，一念在地狱……人的思维活动总是贯穿着斗争哲学：不是东风压倒西风，就是西风压倒东风；不是此念压倒彼念，就是彼念压倒此念。冲动是魔鬼。不走极端、不入歧途，不造成难以挽回的局面，最重要的是精妙掌控这"一念"。

阿根廷著名作家、诗人博尔赫斯，一生文学创作成果丰硕耀眼，被誉为"作家们的作家"，但在现实生活中的他却屡遭不顺和不幸。庇隆执政期间，他因政治立场问题被革去市立图书馆馆长职务，被侮辱性地勒令去当市场家禽检查员。庇隆倒台后，他被起用为国家图书馆馆长，不幸的是，他当时因严重眼疾，双目近乎失明。他的婚姻生活也不如意，直到68岁才结婚，而3年后又离异。后来与他的女秘书结婚，但几个月后他就因肝癌离世。

面对生活的磨难，他也曾绝望过，但最后时刻还是理智战胜了冲动，坚强战胜了脆懦。他的基本理念就是对自己负责。

掌控思维一念间，让它不脱轨、不翻车，这里面有规律、有门道。"对自己负责"，这便是博尔赫斯为人们提供的一个秘诀。

五　育儿教子的孙子智慧

孩子是家庭的希望、国家的未来，教育、培养孩子是每个家长的神圣责任，也是一道严肃的社会课题。每个孩子生下来都是一张白纸，能不能画出"最新最美的图画"，父母作为在"这张白纸"上画画的第一人，"底"打得怎样至关重要。育儿教子如治军带兵，孙子的智慧虽然算不上"灵丹妙药"，但至少可以帮您少走弯路。

（一）爱而不溺

问：家是一个讲爱的地方，爱是孩子成长最重要的营养剂。那么，家长对孩子施爱用情应该如何把握呢？

对：爱而不溺。《地形篇》曰："厚而不能使，爱而不能令，乱而不能治，譬若骄子，不可用也。"《行军篇》曰："卒已亲附而罚不行，则不可用也。"

家事夹议：孙子认为，只知厚爱士兵却支使不动他们，只知溺爱士兵却指挥不动他们，士兵违法乱纪却不能惩处他们，这样的士兵就像宠坏的孩子一样，是不能用来作战的。

爱孩子是父母的天性，爱子之心人皆有之。天下没有不爱孩子的父母，却有被父母爱过了头的孩子。爱孩子是件好事，但过度的爱很可能就会变成溺爱。这种畸形的爱，会让孩子变得处处以自我为中心，弱化其进取的意识和独立思考的能力，养成诸多不良习惯。

151

"啃老族"的出现就是典型的例子。事实表明，父母给子女的爱并不是种瓜得瓜、种豆得豆，如果不得法，不仅没有收获还要受到损害。有的专家就将家长对孩子的溺爱称为"甜毒品"，虽然表面上香甜可口，但就像毒品一样，对孩子的成长有百害而无一利。

曾国藩爱家人、爱孩子，即使在与太平天国作战、湘军屡战屡败的困难局面下，他仍心系家庭，没有忘记对子女的关爱，家书叮嘱不断。他那份爱并不是体现在物质生活上，而是体现在帮助孩子读书明理、修身做人上的。相反，他在生活上对子女要求极严。比如，他对女儿、儿媳做了严格要求："纺织以事缝纫，下厨以事酒食，此二者，妇职之要也。"在儿女的穿着方面，他力求避免官家的贵族习气，始终保持寒士家风。有一次，他的学生李鸿章请他家人吃饭，两个女儿只有一条绸裤，相争至于哭泣。曾国藩安慰说："明年吾若再任总督，必为尔添绸裤一条。"曾国藩认为，父母爱子女要"爱之以其道"，要"爱得有方，爱得其所"。

当下的家庭，多是几代人、几家人对着一两个孩子，许多家庭都是以孩子为中心。社会上就流行着一种说法："苦谁也不能苦孩子，再穷也不能穷孩子。"于是，在一些家庭中，孩子要风得风要雨得雨，家长对孩子的事包办到底，处处迁就孩子，无原则地袒护孩子的缺点和错误，任由孩子任性懒散，等等。这些看起来是疼爱孩子，实际上是在耽误孩子、坑害孩子。《颜氏家训·教子篇》曰："吾见世间无教而有爱，每不能然，饮食运为，恣其所欲，宜诫翻奖，应呵反笑，至有识知，谓法当尔。骄慢已习，方复制之，捶挞至死而无威，忿怒日隆而增怨，逮于成长，终为败德。"对孩子们的成长来说，最怕的不是爱量不足，而是爱流的无节制涌入。随着现代家庭生活条件的日益改善，家长让孩子吃得穿得玩得好一些，都无可厚非，但爱孩子重点还是要放在关心孩子的成人成才上，放在将来"可用"上。每个家长应始终牢记：勤俭节约什么时候都不会过时，严格要求什么时候都不能缺失，娇惯之气什么时候都不能滋长，严与爱统一什么时候都是硬道理。

（二）点滴养成

问：培养一个好孩子应该从哪抓起？

对：点滴养成。《行军篇》曰："令素行以教其民，则民服；令不素行以教其民，则民不服。"

家事夹议：孙子认为，平时的命令能够得到严格执行，并以此管教士卒，士卒就会养成服从的习惯；平时的命令不能得到严格执行，并以此管教士卒，士卒就会养成不服从的习惯。孩子的成长也是这样，良好的习惯是从平时一点一滴的严格要求中逐渐形成的。

习惯是养成教育的产物，它往往起源于一件件不起眼、不经意的小事，却蕴含着足以改变人生走向与命运的巨大能量。古罗马诗人奥维德说："没有什么比习惯的力量更强大。"一个人如果没有一个良好的习惯养成，要想获得成功几乎是不可能的。

著名教育学家叶圣陶先生说过："什么是教育，简单一句话，就是要养成良好的习惯。"这个"教育"，既包括学校教育，也包括家庭教育，但启蒙在家庭，重头在家庭，关键也在家庭。孔子云："少成若天性，习惯如自然。"就是说，从小养成的习惯就像天性，习惯了的也就成为自然。父母是孩子养成教育的第一责任人，也是孩子人生的第一位老师，孩子与孩子之间的差距，反映出的主要还是父母与父母的差距。"养不教，父之过。"作为父母，既要尽好让孩子吃好、穿好、玩好之责，更要尽好养成教育之责，而后者是管长远、带根本性的。

抓好孩子的养成教育，每个家庭都应该建立一个行为规范，全面而细致地明确日常生活与待人接物中应该怎么做、禁止做什么，让孩子从小就有一个很强的规矩意识，一言一行都有个"模板"和尺度。比如，穿着整洁，举止端正，坐有坐相，站有站相，早起早睡，生活有序；尊敬长辈，吃用不搞特殊，自觉与家人分享，自己的事情自己办；见人有礼貌，待人要客气；不说脏话，不撒谎，不骂人，不任性，不随地吐痰，不乱扔垃圾，不浪费食物……让正确的"荣耻观"早早在孩子头脑中扎下根。美国富豪洛克菲勒家账本印着孩子零用钱的规定：7~8岁每周30美分；11~12岁每周1美元；12岁以上每周3美元。零用钱每周发放一次，要求子女记清每笔支出的用途，待下次领钱时交父亲检查，让孩子从小养成好的消费习惯。洛克菲勒认为，"过多的财富会给子女带来灾难"。

抓好孩子的养成教育，要敢于跟孩子较真较劲。父母给孩子立了规矩，就要严格监督孩子遵守，对孩子做得不好的地方要及时地指出来，督促其马上改正，绝不能含糊迁就，也不能搞"下不为例"，要有一种"全覆盖""零容忍"的韧劲。孩子出现较重问题时，要给予必要的、适当的惩戒，绝不能心软、袒护。要定期讲评孩子的表现，肯定好的方面，提出下一步需要注意和加强的方面。

身教重于言教。父母就是孩子的一面镜子，自己的一言一行直接影响到孩子的行为习惯，凡是要求孩子做到的方面，自己首先要做到；凡是严禁孩子去做的事，自己首先不去做；自己因失误做得不够的方面，要及时改正，并主动向孩子检讨。伟大的教育家苏霍姆林斯基说过："每瞬间，你看到孩子，也就看到了自己，你教育孩子，也是在教育自己，并检验自己的人格。"在个人习惯养成上，父母与孩子应相互促进、共同进步。

（三）妙用奖励

问：如何调动孩子的积极性，增强孩子的上进心？

对：妙用奖励。《作战篇》曰："故车战，得车十乘已上，赏其先得者……是谓胜敌而益强。"

家事夹议：孙子认为，在车战中，凡是缴获战车十辆以上的，就要用物资奖励士卒。这是战胜敌人而使自己更加强大的措施（之一）。孩子是成长中的幼苗，活力十足，但自尊心、自信心非常脆弱，需要父母的奖励来认可与维护；孩子的积极性、上进心时强时弱，需要父母的奖励来调动与保持。

奖励是一件美好的事情，也是一门精深的艺术。大凡父母都深爱着自己的孩子，奖励孩子的过程也是施爱于子的过程，但问题是许多家长不太会奖励孩子，有时候不仅达不到奖励孩子的目的，反而产生了一些负面效应，把好事办砸。所以，要运用好奖励的手段，真正奖出动力、励出效益，实现"胜敌而益强"，这需要家长多动些脑筋，灵活巧妙地实施奖励。总结一些家长的经验教训，尤其需要注意"三戒"。

一戒物质化。奖励孩子，不能动不动就是花钱买礼物，或增加零花钱，过度物质化会让奖励适得其反。孩子更看重的是精神上的奖励。现在普遍有一种观点：好孩子是表扬出来的。父母一句表扬的话，一个点赞的手势，都可以让孩子自信心大增，好胜心得到满足。物质性的奖励应适度，奖励项目不宜过多、价值不宜过高，需要对其赋予积极的意义，给孩子留下美好的记忆。比如，奖励孩子一本非常喜欢的课外书，奖励孩子一起去看场电影，奖励孩子在节假日陪去动物园，奖励孩子多看一集动画片，奖励孩子一个惊喜，等等。这些奖励措施，不仅十分有效，而且有着满满的正能量。

二戒滥用化。奖励孩子要区分情况，把握好节奏，掌握好火候，该奖励的地方不能漏，需要奖励的时候要跟上，但不能将其泛化，凡事都要奖励。奖励不是越多越好，如果过于频繁，把孩子每天正常该做的事拿来表扬，就会使奖励变得"清汤寡水"起来，时间长了就容易让孩子对奖励失去应有的兴趣和期待。这将会直接影响和削弱孩子的荣誉感和进取心。

三戒交易化。奖励是激励孩子上进的一种手段，作为家长，绝不能把奖励作为诱饵，搞"重赏之下必有勇夫"，引诱孩子做什么、不做什么；不能允许和纵容孩子向家长索要奖励，更要防止孩子以奖励来要挟家长，没有奖励或达不到想要的奖励标准，就"撂挑子"或就与家长对着干。奖励应该是事中或事后对孩子的肯定，而不是事前的许诺，更不是被孩子逼迫下的无奈之举。

（四）谨防盲误

问：在教育孩子的问题上，对家长有什么忠告？

对：谨防盲误。《谋攻篇》曰："故君之所以患于军者三：不知军之不可以进而谓之进，不知军之不可以退而谓之退，是谓縻军；不知三军之事，而同三军之政者，则军士惑矣；不知三军之权而同三军之任，则军士疑矣。三军既惑且疑，则诸侯之难至矣，是谓乱军引胜。"

家事夹议：孙子认为，国君危害军事行动的情况有三种：一是不知道军队不可以前进而强令其前进，不知道军队不可以后退而强令其后退，这叫作束缚军队；二是不了解军队内部的事务而干预军队的行政，这样军队上下就会迷惑而无所适从；三是不懂得军事上的权宜机变而参与军队的指挥，这样就会使军士产生疑虑。一旦军队处于迷惑和疑虑状态，其他诸侯国就会乘机发难，这实际上等于为我在敌人面前提供了可乘之机。这就叫作自己扰乱自己的军队而使敌人取得胜利。实际上，在家长教育孩子时，也有个如何防止"患于军"而出现"乱军引胜"的问题。

父母在孩子面前最容易犯的错误就是，自以为是。"我走过的桥比你走的路都多，吃的盐比你吃的米都多"，这是许多父母教育孩子时常说的一句话，经常以一种过来人的口吻告诉孩子："我的意见肯定是对的。"父母总觉得，自己的想法就是正确的，理直气壮地为孩子所有的事情做决定。孩子课外时间学什么，上学考什么学校，报什么专业，在哪里就业，统统都由他们说了算，对孩子的想法根本不去理会，甚至连孩子选择的恋爱、婚姻对象都得他们定。孩子有自己的考虑和想法，但根本无法与父母沟通，他们要么揪住孩子过去的某些失误不放，或直指孩子的弱点短项，讽刺挖苦孩子；要么动不动说一些绝情的话、办一些绝情的事。著名作家汪曾祺是一位非常开明的父亲，他说："儿女是属于他们自己的，他们的现在和他们的未来，都应由他们自己来设计。一个想用自己思想的模式塑造自己的孩子的父亲是愚蠢的，而且可恶！"现实中，孩子的许多事情都恰恰是由父母固执己见耽误的，有些不幸也是父母一手造成的。

实际上，父母经历的童年和孩子不一样，孩子面对的未来也和父母不一样，过来人的许多经验可能在孩子这一代身上就不适用了。父母帮助孩子拿主意无可厚非，但盲目与固执是万万不行的。作为父母，一定要意识到自己知识和视野上的局限，承认在某些方面与孩子的差距，注意倾听孩子的意见，既要善于为孩子支招，注意跟踪纠偏，又要尊重孩子的意见，绝对不能过于自信与自负。面对不断更新变化的新时代，作为父母还是要多学习、多提高自己，让自己的"发言权"更靠谱一些。

王朔曾在《致女儿书》中写道："我不记得爱过自己的父母。小的时候是怕他们，大一点开始烦他们，再后来是针尖对麦芒，见面就吵；再后来是瞧不上他们，躲着他们，一方面觉得对他们有责任，应该对他们好一点，但就是做不出来，装都装不出来；再后来，一想起他们就心里难过。"应该说，像王朔与父母这样把父子关系、母子关系搞成这样的，并不太多，但也反映了一个事实：父母要让孩子认可，就不能不正视自己身上存在的问题。这应成为父母们的一面镜子。

（五）胜之不复

问：两代人在带孩子上常常因观念和思路上的分歧而产生矛盾。但面对孩子爸爸妈妈的抱怨，有的爷爷奶奶颇不以为然，觉得他们从前就是这样把孩子带大的。对此，该如何看？

对：胜之不复。《虚实篇》曰："战胜不复，而应形于无穷。"《九地篇》曰："践墨随敌，以决战事。"

家事夹议：孙子认为，每次打胜仗都不能重复以往的做法，而是应因不同的敌情，灵活变换战法。还认为，既要执行作战计划，又要根据敌情灵活应变。那么，带孩子又何尝不是如此？

爷爷奶奶、外公外婆带自己的子女那会儿，与现在的爸爸妈妈所处的时代有着很大的差别。那个时候，每家都有好几个孩子，孩子们在吃穿用上条件都十分有限，方方面面也没有太多讲究的条件和想法。现在不同了，每个家庭的经济条件都有了很大改善，并且只有一两个孩子，爸爸妈妈望子成才的愿望也更加强烈。孩子作为家中的独子或双子之一，都有着很强的优越感，在心理上、脾气性格上与自己爸爸妈妈那一代有着很大的不同。尤其是经过几十年的飞速发展，现在的科技水平、教育水平、社会环境，以及人们的认识水平、思想观念，等等，与过去都不可同日而语，在看问题上出现"代沟"是必然的。所以说，爷爷奶奶、外公外婆当年带孩子的经验，在今天未必都会适用。老一辈如果总是自信地抱着自己的那一套老理论、老办法不放，执意要"克隆"到孙辈身上，必然会脱离时代，让孩子的爸爸妈妈无法接受。

爷爷奶奶、外公外婆要学会从过去的"辉煌"中走出来，不要总是陶醉于自己一生带大了多少个孩子，培养出了多少个有成就的后生，而应当勇于承认当今自己在带孩子上与孩子的爸爸妈妈存在的差距，该甘拜下风的就不要逞强，该"服老认输"的就不要嘴硬。当然，爷爷奶奶的育子经验并不都是过时的，完全可以提供给孩子的爸爸妈妈，只是不可强求他们，对孩子如何教如何管都应以孩子爸爸妈妈的意见为主，毕竟他们才是第一责任人。

作为祖辈，什么时候都不能故步自封，也不能自暴自弃，要不断加强新知识的学习，勇于接受新事物，不断拓宽视野、更新观念，发展自己的兴趣爱好，调整带孩子的思路与方法，努力做与时代接轨、与子女合拍的爷爷奶奶、外公外婆。

六　夫妻相处的孙子智慧

　　夫妻关系是家庭关系的基础与核心，是每个家庭的定海神针。夫妻关系好，无论什么矛盾都不会掀起大浪；夫妻关系不好，任何一个小浪都可能把家庭之舟掀翻。夫妻朝夕相处、事事相碰，"爱情很难抵得住家务的烦恼"（巴尔扎克《猫打球商店》语），夫妻关系的处理，是一门既需要情感，又需要智慧的艺术。李岩岭在《人生交际术》中说："夫妻之间的和睦相处，是人生当中最重要的艺术。不能掌握其奥秘的人，你细想便知，这人活得非常不痛快，深感人生乏味。"那么，我们要看一看孙子的哪些智慧有助于找到夫妻和睦相处的"奥秘"。

（一）知彼知己

　　问：*一些夫妻在日常生活中经常因误会或因对方"好心办坏事"而产生矛盾和冲突。那么，防止与化解这类矛盾和冲突有什么妙招？*

　　对：知彼知己。《谋攻篇》曰："知彼知己者，百战不殆；不知彼而知己，一胜一负；不知彼，不知己，每战必殆。"

　　家事夹议：孙子认为，既了解敌人又了解自己，即使经历百战也不会有失败的危险；不了解敌人但了解自己，这样就可能胜负参半；既不了解敌人也不了解自己，每次用兵都会有危险。打仗如此，夫妻相处也不外乎这个道理。

夫妻二人从相识到相爱、从恋爱到成婚、从新婚到为人父母，都经历着一个相互磨合的过程。这个过程，就是一个相互"知彼"的过程，对对方的脾气性格了解越多、知之越深，与对方相处心中就越有底数，就越容易适应对方，避开"雷区"；在一些事情的处理上，也会更多地理解对方，减少或避免对对方的误解，以及由此而引发的摩擦。这就要求夫妻二人多研究对方，在把握彼此脾气性格的同时，遇事还要多站在对方的角度进行思考，尤其多从积极的方面领悟对方的出发点和落脚点，谋求认识问题的最大交汇面。当然，更多地了解了对方，同样也有助于防止和应对对方在认识和处理某些问题上的局限与失当之处，有助于及时有效地做好纠正和补救的工作。

夫妻之间要做到多知、深知，很重要的是彼此之间要多交流多沟通，遇事毫无保留而又心平气和地把自己的想法向对方讲清楚，求得对方的理解与支持；对对方的不同意见，也要学会静心倾听，看看道理何在，不能一不合己意就火冒三丈，甚至强词夺理。

"心有灵犀一点通"，这是夫妻之间相知相爱的一种最高境界。这种境界，既基于相互间脾气性格的把握，也来自相互间心理的把握、心灵的感应。夫妻双方都应该学点心理学知识，了解人的基本心理特征及不同性别、不同年龄段、不同情况下心理变化的规律，以便准确地感应对方、把握对方、适应对方。

在夫妻关系中，"知彼"固然很重要，而"知己"也不可忽视。也许有不少人会说，自己对自己有什么"不知"的？其实不然，还是老话说得好，"当事者迷，旁观者清"。所谓"自己知道自己"，不过是自己总是不忘自己的长处，而常常忽略了自己的缺点，甚至把自己的某些偏执当个性、当优点。实践表明，一个人全面地认识别人不容易，而正确地认识自己更难。不能正确认识自己的人，在夫妻相处中就容易自以为是、我行我素，如果对方不能谦让，难免要引发矛盾和冲突。人要学会反思自己，特别是对那些对方常常唠叨的问题，应站在对方的角度，以理性的态度去认真思考，切实认清自己的缺点与弱项，勇于承认并严肃认真地加以改正，绝不能娇惯自己、放纵自己。

（二）避其锐气

问：有的丈夫（妻子）在家里发起脾气来谁都无可奈何，甚至越劝阻越来劲。对此，作为妻子（丈夫）该如何应对？

对：避其锐气。《军争篇》曰："是故朝气锐，昼气惰，暮气归。故善用兵者，避其锐气，击其惰归，此治气者也。"

家事夹议：孙子认为，一般说来，军队的士气，作战初期旺盛，此后就会懈怠，到了最后就衰竭了。所以善于用兵的人，避开敌军初来时的锐气，待到其士气懈怠、衰竭时才去打击它，这是掌握和利用军队士气变化的方法。对待丈夫（妻子）的"发飙"行为，孙子的"治气"之法，可算得上一服"灵丹妙药"。

家庭中，丈夫（妻子）对待火气正旺的对方，以急对急，无异于火上浇油，只能让对方变得更急；以不理智对不理智，无异于狂人"打鸡血"，只能让对方变得更不理智。正确的态度应当是，不跟对方对着来，无论对方在气头上说什么、做什么，都应当保持镇定，"忍气吞声"，默默地听着，既不解释也不反驳，更不能对方气躁自己气更躁，对方声高自己声更高。否则，情况会变得更糟。要等到对方怒气消解之后，在已经充分冷静了的情况下，再跟对方耐心地谈一谈，让其意识到自己刚才的失态，提醒对方遇事要冷静，努力控制好自己的情绪。

林则徐年轻时性子急躁，遇事不称心就要发怒。后来在父亲林宾日的指点下，他意识到问题的严重性，当即写下"制怒"两字的横幅，挂在书房的醒目处，还随身带着一幅，时刻警惕自己心情急躁、容易发怒的毛病。一个成熟的人，脾气不好不要紧，关键是要认识到自己的毛病，像林则徐那样时常警惕自己。同时，作为妻子或丈夫，还要注意未雨绸缪，敏于察言观色，善于在"火"前提醒对方，巧妙缓解而不是加剧对方的不良情绪，力争把"怒"化解在未"成气"之前。比如，在对方要发脾气的时候，说些其最爱听的话，或者适度幽默一下，让其想发火而"火"不起来；或者转移一下话题，来个"釜底抽薪"。

人总不会无缘无故地发脾气，脾气再暴躁的人也不是随便发火的，脾气好的人也有暴跳如雷的时候。作为丈夫或妻子，要注意分析对方发脾气的原因所在。比如，工作上遇到挫折时，在外面受到委屈时，身体出现不适时，女性进入更年期后，等等，脾气都容易变坏，回到家中一件小事或一句话，都可能成为"导火索"。所以，只有把其中的原因搞清楚了，才能有的放矢地进行调适和应对，也有助于控制和调节自己的情绪。作为夫妻，相互之间要多一些理解，多一些体谅，尤其要考虑到对方的实际情况和规律性的情绪变化，及时给予情感和语言上的关心、体贴，用爱去消融坏心情、化解坏脾气，让家庭氛围变得更加温暖和谐。

（三）不可胜则守

问：有些夫妻在一些事情上出现分歧时，往往争论不休，互不相让，甚至闹得鸡飞狗跳，引发家庭矛盾和危机。那么，对双方来说，怎样的态度才是可取的？

对：不可胜则守。《形篇》曰："不可胜者，守也；可胜者，攻也。守则不足，攻则有余。"

家事夬议：孙子认为，若要不被敌人战胜，就要实施防御；想要战胜敌人，就要采取进攻。之所以要采取防御，是由于兵力不足；之所以要采取进攻，是因为自己兵力充分。夫妻之间不是敌人，但双方一旦发生争执，实可谓"对手"，同样有一个知"攻"与知"守"的问题。在夫妻关系中，"攻"与"守"体现的是一种主导与被主导的态势，彰显的是一种坚持己见与谦让对方的态度。

家庭中出现分歧的那些事，大都是生活中的琐事，并不关乎什么大是大非，夫妻双方为此争来争去没有多少实际意义，只能惹来不快、带来伤害。诺曼·彼得森在《美国人谈生活的艺术》一书中说："任何亲密无间的关系，由于双方的自尊心有时总会发生冲突。不同的个性也会引起摩擦。"夫妻双方的争执，有时并不是出于对错，而是出于一种"自尊"，不愿主动妥协，不愿"屈身""掉价"。实际上，在争执之际，对夫妻双方来讲，同样是"退一步海阔天空"。

家庭不是讲理的地方，也不是争个你高我低的地方，往往赢了理却输了感情，赢回了自尊却给自己带来了痛苦，给夫妻关系和整个家庭留下了隐患，最终还是得不偿失。夫妻间总要有一个人懂得退让，懂得包容，才能让争吵缓和，让大家冷静下来，反省自己，检讨自己的不足，家庭才能和睦，氛围也会越来越好。俗话说一山难容二虎，那些夫妻双方都非常强势、互不相让的家庭，能维持下去的概率是十分低的。所以，一个家庭要想过上幸福的日子，要想婚姻走得长远，在一些非原则性的问题上，即便是在理的一方，既然无法说通对方，无法让对方接受你的意见，与其致力于"攻克"对方，"征服"对方，不如由"攻"转"守"，学会保留自己的意见，学会尊重对方的意见，学会面对现实，学会顺其自然，学会"装傻"，而不宜固执地坚持己见。夫妻之间，在一些家务事上谦让对方，并不是软弱，也不是矮化自己。懂得谦让的人，往往拥有大智慧。

谦让是一种美德，也是一种态度。你在对妻子或丈夫谦让的时候，对方就会觉得被尊重、被疼爱，会心存感激的，反过来他（她）也会变得大气一些，这有利于增加夫妻之间的爱。相反，如果一事当前斤斤计较、互不相让，就容易导致事事斤斤计较、互不相让，最终会伤及感情，危及家庭。谦让不仅仅是对"男子汉大丈夫"而言的，作为妻子同样需要开阔胸襟，学会谦让。夫妻之间，尊重是相互的，谦让也是相互的。如果把对方的谦让视为理所当然之举，只让对方谦让自己而不想谦让对方，甚至得寸进尺，那就大错特错了。

（四）有所不管

问：有的妻子在生活中对丈夫管控得很紧，不仅经济上严格控制，而且在个人行踪上也严格盘查。然而，"上有政策，下有对策"，最终还是被丈夫"耍"了。那么，作为妻子该如何"有效管控"丈夫？

对：有所不管。《九变篇》曰："涂有所不由，军有所不击，城有所不攻，地有所不争，君命有所不受。"

家事夹议：孙子认为，有的道路不要走，有的敌军不要打，有的城邑不要攻，有的地方不要争，有的国君的命令不要机械地去执行。妻子对丈夫的所谓"管控"，也应该运用孙子这种有所为有所不为的思维，做到有所管有所不管。

现实中，有许多女人信奉"男人管不严就会变坏"的逻辑，有的妻子把丈夫每个月的工资全部收过来自己保管，丈夫需要用钱的时候再向妻子申请；有的妻子经常背着丈夫偷看他的手机，偷翻他的衣袋和手提包；有的妻子时时刻刻追寻丈夫的动向，常常把电话打到他的单位，甚至突然来到丈夫的单位"查岗"。实际上，妻子越是想把丈夫死死地拽在手里，丈夫越是想要飞出去找自由。妻子对丈夫不放心，从某种程度上也是一种心理暗示，越是不信任丈夫，丈夫越是容易撒谎，也越好于表演、精于伪装。所以很多时候，身为妻子也需要适当地降低自己的管控欲，该放手的就放手，该放权的就放权，有时就是要"睁一只眼，闭一只眼"。比如，不管丈夫的钱包，不偷看丈夫的手机，不查丈夫的岗，丈夫出差回来不翻他的行李包，等等。

有人作过这样的比喻，如果丈夫是一只风筝，那么妻子就是那根线的主人，如果妻子把手中的线放到适当的程度，丈夫会非常自在。当妻子觉得手中的线放得太长，风筝已经不在自己视线内时，就可以适当地拉回来，丈夫也不会不满。但如果妻子一味地拽紧手中的线，让风筝无法在空中飞翔，那只会引起风筝的不断挣扎，到最后不是线断了，就是风筝废了。男人在扮演丈夫的角色时也一样，如果被妻子管制得太严，不但得不到他的心，反而会引起他的反感，甚至最后导致婚姻破裂。我所在的机关多年前有一个年轻干部，工作忙起来经常是不分上班下班时间。加班的时间，他的妻子经常会把电话打到办公室的公用电话上找他，而不是打他的手机。后来大家才明白，他妻子是在查他的岗。由于夫妻之间缺乏基本的信任与理解，没几年工夫两人就离婚了。还有的妻子不给丈夫的钱包留足够的零花钱，丈夫在外面应酬很没面子，后来竟打起了通过非正当手段捞钱的主意，以致走上违法犯罪的道路。

妻子对丈夫自以为是的严格管控，与其说是过来人的一种经验，不如说是对丈夫的信任还没有达到应有的程度，同时也是一种缺乏自信的表现。信任产生信任，怀疑导致怀疑。信任丈夫，才会赢得丈夫的信任与尊重。对丈夫的充分信任，也会变成丈夫自律自强的压力和动力，有助于他努力成为一个可以信赖、能够依靠的好男人。

（五）无法无政

问：人都说"好女人是宠出来的"，也有人说"女人的毛病都是惯出来的"。那么，作为丈夫，生活中对妻子该如何"宠"、又如何不"惯"呢？

对：无法无政。《九地篇》曰："施无法之赏，悬无政之令，犯三军之众，若使一人。"

家事夹议：孙子认为，施行不合惯例的奖赏，颁布不拘常规的号令，指挥全军就如同使用一个人。在社会当中，丈夫与妻子的关系，是诸多社会关系中一种特殊而微妙的关系。有人说，那些被子女尊敬、被男人宠爱的女人，才是世上最幸福的女人。作为丈夫，要尽到呵护妻子的责任，维护家庭的和谐与幸福，需要把孙子"施无法之赏，悬无政之令"的智慧运用于夫妻关系之中。

在《妻子的浪漫旅行3》这部综艺节目中，应采儿曾说："一个好女人是家里最好的风水。"在胶东一带也有类似的说法：男人的福，是女人带来的。归根结底，就是提醒男人：女人好，家才会好。要珍惜女人，宠爱女人。

女人的脾气性格有天生的因素，但也不是不可改变的，它受环境条件的影响很大。特别是结婚成家之后，一个好的家庭环境可以塑造出一个有修养的女人，一个恶劣的环境可以"培养"出一个好斗的女人。世上没有天生的泼妇，而在男人的呵护宠爱之下，泼妇也会变成好女人。

如果说"好女人是宠出来的"，那么"施无法之赏"就是最好的"宠"。"赏"，是一种肯定，是一种鼓励，更是一种爱的表达方式。男人对女人的"赏"，不是那种"赏罚分明"的堂堂之赏，而是带有"变戏法"式的随性之赏，只要女人高兴、有幸福感就行。

这种"赏"，在女人眼里更是男人对她的欣赏。女人在乎的不是礼物多重，她们看重的是一种仪式感，在意的是在男人心中的位置和对她的情。比如，男人不时地为女人准备个小惊喜，给女人制造一些小浪漫，哪怕送一束鲜花、陪看一次电影、陪逛一次街，甚至一句温馨、体谅的话，还有主动分担一些家务活，等等，都可以体现出女人被他宠在心上。

女人的"毛病"不一定都是男人惯出来的，但"惯"注定是会让女人生出"毛病"的。唐玄宗的宠妃杨玉环，两次被唐玄宗撵回娘家，又两次被接回宫中。杨贵妃知道玄宗没有她便寝食不安，于是更为骄纵，杨家"出入禁门不问，京师长吏为之侧目"。唐玄宗对杨贵妃的"惯"，害苦了大唐王朝，也害了杨贵妃及杨家。所以，无论是帝王将相还是普通男人，对女人不是不可以宠，但宠是有底线的，宠过了就变成了"惯"，不但"宠"不出好女人，好女人也会变成让人生厌甚至憎恨的女人。这就需要男人对女人既要"施无法之赏"，还要"悬无政之令"，该宠的要宠，该管的也要管，不可无原则地放纵。既然是"无政之令"，就不是那种传统意义上的"管"、生硬的"堵"，而是一种平等的沟通与巧妙的提醒。

（六）得理饶人

问：有的丈夫或妻子做了对不起对方的事情，给对方造成了重大伤害。为此，过错方非常自责和后悔，并承受着莫大的压力。那么，对方应如何对待过错方呢？

对：得理饶人。《军争篇》曰："归师勿遏，围师必阙，穷寇勿迫，此用兵之法也。"

家事夹议：孙子认为，用兵的一般法则是，敌人回归其国土，不要阻截；包围敌人要虚留缺口；对已处于绝境的敌人，不要过于逼迫。同样，在夫妻关系中，对于犯了重大错误的一方，对方既不能漠视或无原则的忍让，又不能得理不饶人，用过激的言语、过分的举动做出回应，而应借用孙子的用兵法则，该饶人处且饶人，理性地加以处理。

春秋时期的楚庄王，有一次宴请群臣，大家正喝得欢畅之时，忽然一阵风吹灭了所有蜡烛，瞬间一片黑暗。其中有个臣下喝多了，趁黑拉扯楚庄王妃子的衣服，这个妃子即刻扯断了他的帽带。妃子暗中对楚庄王说："刚才有人对我无礼，我已经扯下了他的帽带，您一会儿看谁的帽带断了……"没想到，楚庄王却对妃子说："为此，去惩罚这个臣子酒后的一时错误，让他以后怎么做人呢？"这时，楚庄王为了给那人台阶下，竟下了一个意外的命令："今天众卿一起喝个痛快，不把帽带扯下，就说明没有尽欢。"结果，所有人都扯断帽带尽情饮酒，那人也因此逃过了一劫。后来楚国与晋国相争，楚庄王几度陷入险境，关键时刻一位将军出生入死解救了他。这时这位将军才告诉楚庄王，他就是那天夜里被扯断了帽带的人，他要报答楚庄王当年的饶恕之恩。

宋人俞文豹《唾玉集·常谈出处》记载："蔡州褒信县有道人式棋，常饶人先，其诗曰：'自出洞来无敌手，得饶人处且饶人。'"傅雷曾经这样训诫孩子们：不要占得正确之后便逼迫别人，需要饶人时候更要懂得宽容。谁都有失误、犯错的时候，夫妻双方无论谁犯错，都应给对方一个台阶下，给对方一个改错的机会。夫妻之间，无论谁做了对不起对方的事情，采取惩罚性报复性的心态对待犯错方，揪住把柄，穷追猛打，都是不足取的。要知道，一时的出气换不来什么，只会使事情变得更加糟糕。实际上，无论是从敲打对方、警醒对方、感化对方的角度讲，还是从给双方的关系留有余地看，给对方以必要的宽容，要比责备对方、惩罚对方好得多。即便对方

169

犯下不可饶恕的错误，双方到了非解除婚姻关系不可的地步，也应表现出一种宽容，一种胸怀，一种风度，大可不必把话说尽，把事做绝，做不成夫妻但也不能成为仇人，更不能为此付出更大的代价。

一个人要真正地宽容对方的错误，除了要有宽大的胸怀、博大的仁慈，还需要透过对方的错来反思自己的失。常言说，一个巴掌拍不响。对方犯错误，主要责任自然在本人，但肯定也有另一方做的不到的地方。把自己的原因找到了，就会降低对对方的怨与恨，也有助于改进自己，避免类似的问题在今后的婚姻生活中重演。

（七）纲举目张

问：丈夫在婆媳关系中的立场与站位，常常影响到夫妻关系、家庭稳定。那么，作为丈夫、儿子，如何把握自己在家庭中的双重角色？

对：纲举目张。《形篇》曰："兵法：一曰度，二曰量，三曰数，四曰称，五曰胜。地生度，度生量，量生数，数生称，称生胜。"

家事夬议：孙子认为，根据兵法，要把握这样几个基本问题及其相互关系：一是"度"，二是"量"，三是"数"，四是"称"，五是"胜"。敌我双方所处地域的不同情况，产生双方土地面积大小不同的"度"；敌我双方土地面积大小不同的"度"，产生双方物资资源多少不同的"量"；敌我双方物资资源多少不同的"量"，产生双方兵员众寡不同的"数"；敌我双方兵员众寡不同的"数"，产生双方军事实力强弱不同的"称"；敌我双方军事实力强弱不同的"称"，最终决定战争的胜负成败。那么，一个家庭之中，夫妻关系何不是家庭关系链条中的"地"呢？

夫妻是家庭的主体，是互相牵手一生的伴侣，父母、子女再亲也代替不了伴侣的核心位置。即使是亲生父母，即使是被自己视为掌上明珠的孩子，都是这个家庭的配角和"过客"，迟早会离开这个家庭的。在公婆、夫妻、孩子三世同堂的家庭中，只有确立夫妻关系在家庭关系中的核心地位，只有夫妻形成坚固的亲密共同体，这个家庭才会稳定牢固，可持续、有前途，也才能给双方的原生家庭提供强有力的、长期稳定的支持和帮助。相反，如果公婆与丈夫、丈夫与孩子、妻子与孩子等关系凌驾于夫妻关系之上，这个家庭必然会矛盾重重，处在风雨飘摇之中，甚至随时都有倾覆的危险。现实中，那些为了满足父母私愿而牺牲夫妻关系的男人或女人，不仅一生都难以得到幸福，而且会让父母跟着操心、倍加自责。有些年轻的妻子，孩子出生后便把全部的心思和爱用在孩子身上，忽视了对丈夫的关注和关心，致使夫妻间出现感情危机。所谓"七年之痒"，这或是个重要诱因。

汉代郑玄《诗谱序》曰："举一纲而万目张。"一个人再爱父母、再爱子女，都要把夫妻关系作为家庭关系的核心，始终摆在第一位，并且家庭关系越复杂，越不能偏离这个基本着眼点。婆媳之间出现矛盾，作为丈夫、作为儿子要学会"和稀泥"，学会在双方之间周旋，不要轻易"选边站"，有时候确需替母亲说点话，但也要始终着眼维护夫妻关系这个大局，不能明显偏袒，不能过度指责妻子，并且事后做好安抚妻子的工作；婆媳关系实在相处不好，也不能勉强处在一个屋檐下，要巧妙地安排母亲适时撤离，不能为了照顾母亲而不顾妻子的感受，甚至为了给母亲大人出气而"大义灭妻"。《韩非子·备内》中说："夫妻者，非有骨肉之恩也。爱则亲，不爱则疏。"母子之间血浓于水，能经得起大的风浪；而夫妻之间仅仅靠情来维系，是经不起多大风雨的，应精心呵护。

（八）其下攻城

问：有些年轻夫妻动辄走上离婚之路，不仅给子女带来很大伤害，而且"新生活"也没有自己想象的那样幸福。那么，夫妻双方应该以什么样的态度对待自己的婚姻家庭？

对：其下攻城。《谋攻篇》曰："故上兵伐谋，其次伐交，其次伐兵，其下攻城。攻城之法为不得已。修橹轒辒，具器械，三月而后成；距闉，又三月而后已。将不胜其忿，而蚁附之，杀士三分之一，而城不拔者，此攻之灾也。"

家事夹议：孙子认为，用兵的上策是挫败敌人的战略，其次是挫败敌人的外交，再次是击败敌人的军队，下策是攻打敌人的城池。选择攻城是不得已而为之的办法。制造攻城用的各种器械，需要数月才能准备完毕；构筑攻城的土山，又要耗时数月才能竣工。如果将帅控制不住自己愤怒的情绪，强令士卒像蚂蚁一样爬梯攻城，结果士卒伤亡三分之一，而城池依然不能攻克，这就是攻城所带来的灾难。婚姻生活中，以离婚的极端做法来应对夫妻间的矛盾，就像作战中的攻城，成本和代价是最高的，无疑是一种下策。

离婚率节节攀高，与当代年轻人的自主意识增强有关，许多人不愿意委屈自己，秉持一种"好聚好散"的轻松态度，不合适就各奔东西。周围离婚者的不断增加，客观上也形成了一种"破窗效应"，很少有人再把离婚当成丢人的事，离婚者可以再婚，离婚的代价似乎不像从前那么突出了。实际上，代价还是那个代价，只不过转嫁到了孩子、父母身上。许多离婚的男士女士再婚，把孩子交给父母带，自己去追求和享受新的婚姻生活的时候，想没想过孩子之可怜、父母之无奈！

婚姻自由即结婚自由、离婚自由，是社会的一种进步，日子过不下去，或对方出轨，选择离婚无可厚非。问题是，有些影响婚姻维系的一些小坎，如果稍保持点耐心、多一点磨合，是完全可以迈过的。过去，经常听到夫妻吵架的声音，男人有这毛病那缺点的不少，女人要泼骂人的也大有人在，但吵归吵、闹归闹，离婚的却少之又少。大部分的夫妻相互包容着，隐忍着，磨合着，构建了那个时代特有的"父母爱情"。现在看来，老来心安、老来幸福的，倒是那些人。"小不忍则乱大谋。"这句反映处世之道的话，同样适用于婚姻。

婚姻以法律的名义确立，意味着它是严肃的、庄重的，而不是随意而为的。婚姻意味着一种责任，一个人结婚成家，既承担着对另一半的责任，也承担着对未来子女、对双方父母、对社会的责任，绝不能把婚姻当成想聚就聚、想散就散的儿戏或酒宴。一个只顾自我感受、只求自己幸福，而不考虑社会责任、家庭责任的人，离婚也许是他（她）的自由、他（她）的权利，但难说不是自私的选择。

"攻城之法为不得已。"离婚也是一种非"不得已"而为之的选择，一定要慎之又慎。

七　婆媳相处的孙子智慧

　　婆媳关系以亲子关系和夫妻关系为基础，是一种比较特殊的人际关系。它既没有亲子关系所具有的稳定性，也没有婚姻关系所具有的密切性，各种利益又交织其中，是一种容易产生矛盾、难以消化矛盾的人际关系。婆媳关系不是家庭关系的核心，但常常会影响到家庭的和谐与稳定，是绕不开、剪不断，必须处好的一种家庭关系。婆媳之间相处难，但有了智慧便不难。

（一）示情于彼

　　问：婆媳之间如何减少误会、减少摩擦？

　　对：示情于彼。《计篇》曰："远而示之近。"

　　家事夹议：孙子认为，要从远处攻击敌人却表现出从近处攻击敌人。孙子这里所讲的远处和近处，指的是距离的长短，讲的是巧妙利用空间的用兵艺术。人与人之间的关系，有亲疏远近之分；不同婆媳之间的情分，也有亲疏远近之别。那么，婆媳之间同样有一个"远而示之近"的相处艺术。

　　婆媳关系是家庭关系中最敏感、最脆弱的，也是"不是核心，但影响核心"的"对立统一关系"。与母女关系相比，婆媳关系为什么难处？说到底还是缺乏血缘与情感这个"凝结剂"。婆媳之间最要害的还是一个"情"字，情不到一定的份上，心就贴不到一起，

174

遇事就想不到一起，就会出现理解少、误解多，体谅少、纠缠多，宽容少、结怨多的问题。先天骨血"无缘"，后天相处"有情"。婆媳之间情感浓厚了，横亘在中间的冰山再高，迟早都会融化的。

然而，婆媳之间光有感情投入是不够的，如果不善于示情传情，也会出现对方不识情、不领情的问题。母女之间有血缘关系，又曾长期生活在一起，性格脾气都了解，说话办事可以不讲究，甚至可以大吵大闹，毕竟二者之间没有隔日的"仇"。但婆媳之间就不同了，一句话说不好就可能引起误会，一件事办不妥就可能激化矛盾。婆媳之间"情远"是一种"原生"现象，用不着责怪哪个人情薄爱寡，但需要用一句句可心的话、一件件可心的事，来显示真情、累积信任。一般说来，婆媳之情不可能达到、超过母女之情，而越是这样，婆媳之间越要相敬如宾，把话说甜、把事办周全，礼数要尽到，仪式感要出来，情浓意浓的氛围要营造起来。如果母女之间的来往看重的是"里子"，那么婆媳之间的相处，则是"里子""面子"一样都不能缺，要经常为对方创造些感动瞬间。比如，对方生日时送个小礼物，吃饭时给对方夹夹菜，对方出门时送上一句"路上慢点"的提醒，一句"这菜做得真好吃、这衣服穿着真好看"的赞赏，等等，都会让对方感受到温暖，让对方知道心中有她。正所谓"礼多人不怪"嘛！试想，婆媳之间既用真情，又会传情；既有爱心，还会暖心，把话说到对方的心坎儿上，把事办到对方的心底儿里，对方能麻木不仁、无动于衷吗？

婆媳之间所谓"远而示之近"，也就是一方对另一方或相互之间"套近乎"、示"情近"，这不过是一种显示感情的手段，也是一种心理暗示，实际上是个"两好噶一好"的过程，目的在于逐渐拉近彼此之间的距离，把两颗心贴得近而又近，而不是跟对方要心眼、玩虚的。否则，就会出现钩心斗角、面和心不和的局面，这样下去，婆媳二人离撕破脸皮就不远了。

175

（二）宽容避让

问：一些婆婆在儿媳面前好挑剔、爱唠叨，甚至常常倚老卖老，以"过来人"的身份傲然自居。对此，作为儿媳该如何面对？

对：宽容避让。《计篇》曰："强而避之。"

家事夹议：孙子认为，敌人强大，就避开它。战场上面对强敌尚需远避其锐，那么家庭生活中面对强势的婆婆，何不也来个"强而避之"？

现实中，引发婆媳矛盾的往往不是什么大事，而是一些无足轻重、鸡毛蒜皮的家庭琐事；让这些小事发酵成为"大事"的，许多是婆婆有意无意地"起事"——对儿媳的挑剔与唠叨。避免婆媳矛盾，让婆婆学会"闭嘴"当然好，但事实表明，对作为长辈、上了年纪特别是向来强势的婆婆来说，要让其保持沉默往往是非常难的。作为儿媳，既然婆婆的"毛病"改不掉，既然难以让婆婆适应自己，那么出于家庭的和谐与稳定，只能努力地适应婆婆的特点，以此来避免或化解婆媳之间的矛盾。

婆媳出生、生活在不同的时代、不同的家庭，在许多问题上看法不一致是正常的现象，婆婆看不惯儿媳的某种"做派"和一些做法也是在所难免的。对婆婆的种种"看不惯"，儿媳如果选择正面冲突，就会让矛盾越积越深，让家庭变得鸡飞狗跳，越来越不得安宁，也会让丈夫夹在中间难受。因此，最好的策略就是"强而避之"：婆婆她说她的，媳妇我做我的，一个耳朵进一个耳朵出，睁一只眼闭一只眼，知道的装不知道，能过去的就过去；或用幽默的语言、巧妙的方式转移话题；或把身子放低一些，嘴里痛快地应承下来，甚至肯定婆婆说得对、做得好，给足婆婆面子；等等。

"水浅有涟漪，心浅有快乐。"面对婆婆的挑剔和唠叨，要保持体谅宽容的心态，不要太在意婆婆说的每一句话，不要琢磨婆婆每句话的所谓"弦外之音"，更不要婆婆说什么都要怼回去，有说必有反击。家庭不是讲理的地方，婆媳关系不是工作关系，遇事不要非分个是非对错不可。作为儿媳实在想不通，也未尝不可在背地里和丈夫发发牢骚，纾解一下自己的郁闷情绪。

对婆婆"强而避之"，并不是把婆婆的唠叨视为"空气"，对婆婆说得不对、做得不对的地方，也不是一概无原则地听之任之，这里强调的是尽力避免正面交锋。要选择适当的时机，心平气和地与婆婆搞好沟通交流，但无论婆婆接受与否都要宽容对待，不要过于计较，更不能纠缠不休。当然，婆婆所说的话、表现不满的事，一般说来都是出于好意，而且有些也不是没有道理。婆婆们毕竟是过来人，有些生活经验是不会过时的，有些好的传统是不能丢的，况且现代的婆婆们多是有知识有文化、接时代接地气的人，作为儿媳还是要有一个虚心的态度，把婆婆的话当作妈妈的话来看待、当作老师的话来品味，多注意反思自己，努力做到"有则改之，无则加勉"。

一幅漫画中说，如果每个人都把自己看作一座山，那么彼此之间存在的，只是道深深的沟壑。同理，作为儿媳，在婆婆面前不要把自己看作一座山，而应甘做婆婆这座山下的一道坡。

（三）尊重个性

问：日常生活中，婆媳之间如何避免"招惹"对方、引发"家庭战争"？

对：尊重个性。《势篇》曰："木石之性，安则静，危则动，方则止，圆则行。"

家事夹议：孙子认为，木石的特性是，把它们放在平坦的地方就静止，放在险峻陡峭的地方就滚动。方形的木石容易静止，圆形的木石易于滚动。人也像木石，同样有自己的个性，同样是"安则静，危则动，方则止，圆则行"。

现实生活中，有些婆婆看不惯儿媳的某些"臭毛病"，有些儿媳看不惯婆婆的某些"坏习惯"。其实，并不是她们的毛病有多"臭"、习惯有多"坏"，那些所谓的"看不惯"，从很大程度上讲，还是以自己的好恶来看待对方，没有足够尊重对方的个性，没有以理解的心态接纳对方的个性。

个性，是个体独有的并与其他个体区别开来的整体特性，即具有一定倾向性的、稳定的、本质的心理特征的总和，是一个人共性中所凸显出的一部分。个性与人格联系在一起。在欧洲，有些心理学家把人格看作是性格的同义词。婆媳之间相互"看不惯"的那些地方，有许多恰恰彰显的是她们的鲜明个性。可以说，尊重婆婆或儿媳的个性，从一定意义上讲就是尊重她的人格。现实生活中，无论对哪一方来说，都不会轻易放弃自己的个性，都会为捍卫自己的个性而积极斗争。

"安则静，危则动。"顺其意则安，逆其意则躁。让对方"安"，就是要尊重对方的个性、把握对方的个性、适应对方的个性，多做顺其意之事，尽量别逆着对方、呛着对方，人毕竟大多都是属"顺毛驴"的。相反，如果不尊重对方的个性，必然会引起她的逆反，将她的心态置于一种"危"境，一句话、一件小事都可能引发强烈的对抗反应。

"方则止，圆则行。"尊重对方的个性，就恰似那些方形的木石，正视对方的棱角，对方就能稳而不动。相反，如果强行改变对方，企图磨掉对方的棱角，就可能像那高处的圆形木石，让对方积聚起强大的冲击"势能"，让局势一发而不可收。

无论是婆婆还是儿媳，在相处的过程中如果能尊重对方的个性，就会对对方的一言一行多些理解和体谅，少些不满和挑剔，那些自己常常"看不惯"的地方就会渐渐由"扎眼"变成"顺眼"，甚至有一天会突然变成一道赏心悦目的"风景"，眼里的某些"缺点"会变成一个个优点。那么，婆媳变得像母女那样亲近便不再是什么奢望。

（四）以迂为直

问：自古就有"婆媳是天敌"之说，现实中的确有不少这方面的事例，有些婆媳遇事动辄作对较劲。那么，家庭生活中该如何减少这种令人不愉快的现象？

对：以迂为直。《军争篇》曰，"军争之难者，以迂为直""先知迂直之计者胜"。

家事夹议：孙子认为，争夺先机之利最难的是，如何把迂远转化为直近。预先懂得迂直转化关系而进行谋划的就会取得胜利。在家庭许多敏感的事情上，婆媳之间直接沟通协商有障碍、有困难，何不也来个"以迂为直"，多走走儿子（丈夫）这条"间接路线"呢？

婆媳没有血缘关系，是一个男人伸出了双手，把两个女人紧紧地连在了一起。这个男人是婆媳二人最爱的人，也是她们最信任的人。对婆婆来讲，儿媳的话可能听不进去，但儿子的话不会不当回事，多半是言听计从的。对儿媳来讲，婆婆的话可能听不进去，但老公的话还是爱听的。2020年春晚小品《婆婆妈妈》中的一对婆媳，在儿子（老公）面前两人关系表现的好得不得了，你给我夹菜，我对你微笑；你要请我吃米线，我则拉着你的手亲得不行。然而，儿子（老公）一转身离开，两个人立马就为了那些陈谷子烂芝麻的破事相互掐个不停。小品虽是艺术，但反映的是现实，说明一些婆媳

179

之间那些无法沟通协调的事，如果让儿子（老公）出面，结果可能就大不一样。

邻家有这样一对婆媳，同在一个屋檐下生活多年，互相看着就是不顺眼，经常是软顶硬抗唱对台戏，凡是婆婆想做的事，儿媳就变着法地冷嘲热讽、从中作梗，凡是儿媳热衷的事，婆婆就极力反对，而每次生气难受的还是婆媳俩自己。后来，儿媳在丈夫的指点下改变了策略，许多需要婆婆参与支持的事，她不直接去跟婆婆说，而是让丈夫出面，结果基本都能得到婆婆的认可。婆婆也是这样，在儿子的指点下，许多对儿媳不满的事，也很少在儿媳面前唠叨了，而是让儿子去提醒。或许是距离产生了美，婆媳之间直接"打交道"少了，正面"交锋"也少了，慢慢互相间变得也客气多了，家里的氛围大不一样了。说起婆媳关系改善、家庭关系和谐的"秘籍"，这家儿子不无得意地说："我采用的是'间接战略'。"

婆媳之间不能没有沟通交流，但并不是越多越好，多了就容易出现分歧、产生误会、带来摩擦，毕竟两个人的经历不同、站位不同，不可能事事都能想到一起、做到一起。婆媳之间分歧多了、误会多了、摩擦多了，就会乱生气、伤感情，动摇相互信任的基础。儿子（丈夫）的特殊角色，决定了他是婆媳之间的最好中介、最佳"代言人"，婆媳二人遇到不便沟通的事、容易"冒火花"的事让他去"传话"、去沟通，无疑是最为理想的"迂回之路"。当然，"迂回之路"也不限于儿子（丈夫）这一条，只要有利于婆媳和谐相处，无论怎么"迂回"都是可以考虑的。

（五）民主议事

问：家庭之事如何决策才更有利于婆媳和谐相处？

对：民主议事。《九地篇》曰："是故政举之日……厉于廊庙之上，以诛其事。"

家事夬议：孙子认为，在决定战争行动的时候，要在庙堂里反复谋划，精心做出决策。家事固然不可与战事同日而语，但决策家事也需要一个发扬民主、集思广益、"厉于廊庙之上"的过程。这既有利于提高决策质量，又有益于减少婆媳之间的是非。

中国式家庭历来是男主外、女主内，特别是在现代家庭中，家中的诸多事情一般是由女人来决断和操持，男人基本上当甩手掌柜，只管挣钱不管花钱，所以家庭中的矛盾往往也集中在婆媳身上。儿媳当家主事，婆婆看不上眼的地方格外多一些，有的横挑鼻子竖挑眼，感到里外都不遂自己的意，话难听、脸难看，做起事来拧巴得很；婆婆要干涉自己的家事，甚至"反客为主"，儿媳具有天生的排斥心理，不时冒出个"软钉子""玫瑰刺"，时间长了两人就容易产生矛盾，爆发冲突。

家中的事不应成为一两个人的事，现代家庭提倡家务事讲民主、共参与。家庭内部的民主气氛、平等关系以及更大的自由，要求每个家庭成员为大家共同的利益承担更大的责任。

对家中的大事，男人不能置身事外，要积极地参与进来，不能以工作忙为借口推给妻子和母亲，把她们推到风口浪尖上，让她们成为家庭矛盾的焦点。家庭应建立民主议事机制，特别是对那些婆媳之间容易产生分歧、容易引发矛盾的家事，宜采用家庭会议的形式来确定，让每个家庭成员都有机会参与家庭事务，发表自己的意见，把婆媳两个人情绪化的争论变成一家人的集体讨论。这样，既能调动大家的积极性和聪明才智，也能压缩婆媳单独议事的空间，让家事决策成为大家共同的事，而不是婆媳二人或其中某一个人的事，让婆媳离家庭矛盾的焦点远一些，防止家务事成为引发婆媳矛盾的"柴"与"火"。

家庭会议，应建立议事规则，规范议事原则与要求、议事程序与流程、议事范围与内容，确定会议召集人。每次会议都精心筹划准备，开会前会议召集人应了解家庭矛盾和议事需求，选择会议主题，确定会议时间，并就拟提交家庭会议讨论的重要事项征求家庭主要成员的意见。每次会议都要注意营造一个互相感恩、互相谦让、互相支持的氛围，引导家庭成员多肯定他人的付出，多反思自己的欠缺，多提合理化的意见，积极主动地分担家事，及时消除误会和分歧，共同确定家庭的重要事项，使家庭会议成为增进感情、凝聚共识、培养理家能力的重要平台，成为密切婆媳关系、夫妻关系、亲子关系及其他家庭关系的加油站。

（六）懂得放手

问：有些婆婆对儿子家的事操心费力很多，却常常出力不讨好，儿媳有意见，儿媳儿子闹别扭，自己委屈得不得了。那么，作为婆婆该如何处理？

对：懂得放手。《谋攻篇》曰："将能而君不御者胜。"

家事夹议：孙子认为，战争中将帅能力强而国君不横加干预的，能够取得胜利。同理，儿媳能力强而婆婆不横加干预的，家庭就会和谐兴旺。

双方父母是一个家庭的强大后盾，特别是孩子还小时，夫妻两个都忙于工作，有老人帮着照顾孩子、照料家务，夫妻两人的家庭负担就会轻许多。父母们大都把帮着子女照顾孩子、照料家务看成义不容辞的责任，当作最重要的任务，出钱出力都不在话下。不过，帮忙归帮忙，出力归出力，许多矛盾也会伴随而生。有些婆婆进了儿子儿媳家的门，不把自己当成外人，觉得儿子、孙子都是自己的，儿子的家就是自己的家，于是什么活都干，什么事都管，家里大大小小的事几乎都要干预。结果没过多长时间，婆媳矛盾就出来了，儿媳有怒气，婆婆有怨气，好端端的家庭就可能变得乌烟瘴气，失去了昔日的和谐与安宁。

作为婆婆，一定要摆正自己在儿子儿媳家庭中的位置，要始终明白这是儿子儿媳的家，不是自己的家，即使和他们长期在一起生活，但"户主"是儿子和儿媳，而不是自己。为了儿子儿媳和第三代，操心费力无可厚非，但绝对不能越俎代庖。相反，许多大一点的事情事先要与儿子儿媳通气，征求他们的意见，不可擅自做主。儿子儿媳确定的事，一般都不要干预，确需表达自己意见的也要委婉地提出自己的一些建议，但不能以家长的身份强求他们要怎么做、不要怎么做。

一些婆婆"爱操心"，说到底还是对自己的经验与本领过于自信，甚至带有一定程度的自负，对孩子们处理家务事的能力信任不够、肯定不够，总觉得儿子儿媳这不如自己那不如自己。其实，年轻人有年轻人的优势，他们的处事能力和吃苦精神并不是想象中那样糟，只是长期有父母宠着罩着没有展现的机会。过去，人们总是担心独生子女的吃苦能力、生活能力、持家能力，忧虑他们是高智商低能力的一代，甚至断定他们是"颓废的一代"。实践表明，他们行！后来，人们又担心"90后""00后"，实践表明，他们也行！再说，任何人的生活能力都是在生活实践中锻炼出来的。作为父母，什么事都不放心、放手，什么事都代管代劳，儿女们怎么能够成长得更加强大？

"将能而君不御者胜。"同理，作为婆婆，一定要相信儿媳，放手让儿媳去做她想做的事情，自己只是当好儿子儿媳家的帮手，可以多干点活多出点力，但一定要少管点"闲事"，同时也要享受好自己的生活，好好地为自己活一把！

（七）做好自己

问：作为儿媳，面对爱"管事"的婆婆该怎么办？

对：做好自己。《九变篇》曰："君命有所不受。"

家事夹议：孙子认为，有的国君的命令不要机械地去执行。如果把婆婆比作国君的话，那么儿媳就是那统兵打仗的将帅，对婆婆的意见和"教导"，作为儿媳可以根据自己的思考判断，有所选择地予以采纳，不宜"照单全收"，机械地"遵照执行"。

作为儿媳，理所当然要孝敬公婆，尊重公婆的意见，但孝也好敬也好，并不是什么事都要顺从他们。一些婆婆"责任心"很强，经常会指点儿媳、纠正儿媳，但她们的有些意见确实差强人意。对此，当儿媳的非常为难，采纳吧自己内心无法接受，不采纳吧又怕得罪婆婆，造成不愉快。

婆婆有自己的经历和见识，有自己的经验积累，但也有看问题的局限，难免有认识问题上的偏颇，生活中婆婆说的话未必句句是真理，婆婆的意见未必都是经过深思熟虑的。作为儿媳，没必要违背自己的意愿事事盲从，婆婆有道理的地方无疑要积极采纳，没道理或不合适的意见也不要勉强自己听从。如果处处看婆婆的脸色，事事被婆婆牵着鼻子走，在生活中失去了自我，这对自己、对丈夫、对家庭未必就是好事。要相信婆婆们的心胸，相信多数婆婆是通情达理的，对那些自己不认同的意见，只要及时巧妙地与婆婆进行沟通，多数情况下她们是会理解接纳的。当然，沉默有时也是一种可以选择的沟通方式。婆婆提出自己的意见、阐明自己的看法，儿媳当面提出异议，婆婆会觉得下不来台、没有面子，进而可能会据理力争，引起争吵，让局势失去控制。儿媳不表态，实际上也是一种表态，既表明了自己的态度，又给婆婆留足了面子，也有助于婆婆冷静地反思自己的意见。

当然，这里面也有个婆婆如何对待"不听话"儿媳的问题。作为现代社会的婆婆，要摒弃"多年媳妇熬成婆"的旧思维，在儿媳面前应该放平心态，不要摆出居高临下的架势，不要把自己的话当成"金口玉言"，不要认为儿媳不采纳自己的意见就是没有把自己放在眼里，就是不尊重自己，就是不孝，或认为有意和自己过不去。婆婆们要清楚，婆媳关系是长辈与晚辈的关系，同时也是平等的关系，婆婆的意见都应是建议性的，并且也不一定都在点在理，所以要允许儿媳有所采纳有所不纳。既然"君命有所不受"，何况自己的那些"一孔之见"呢？常言说，说出去的话，泼出去的水。其实，婆媳之间说出去的话，未必就是泼出去的水，也是可以收回来的。作为婆婆，该"泼"时尽管大胆地往外"泼"，该"收"时还要勇敢地往回"收"，尊重儿媳的意见，大度地接受和支持儿媳的"君命有所不受"。

八　邻里相处的孙子智慧

常言说，一个篱笆三个桩，一个好汉三个帮。远亲不如近邻，近邻不抵对门。家庭存在于社会之中，一个家庭躲不开与邻居的相处，也离不开邻居的帮扶。与邻居和睦相处，是一个家庭幸福美满的外在条件，也是一个美好家庭的重要标志。《孙子兵法·九地篇》提出的"携手若使一人"的要求，应成为邻里之间和睦相处的目标追求。

（一）合交固结

问：与邻居相处，最重要的是什么？

对：合交固结。《九地篇》曰："衢地则合交""衢地，吾将固其结"。

家事夹议：孙子认为，在四通八达的地区要结交邻国，以求多助。在衢地，要巩固与诸侯列国的结盟。战争中，一个国家需要与其他国家特别是邻国建立起稳固的同盟关系；生活中，一个家庭需要与邻居建立起和谐友好的互助关系。

当今时代，人在天南地北忙碌，空巢老人多、留守儿童多成为中国的一大特征。这些老人、这些孩子真有急事，往往靠不上儿女、靠不上爸妈，唯有邻居才能帮上手。这些老人心中的孤寂，往往要在与邻居们的闲聊中排解；这些孩子们的孤独感，往往要在与邻居孩子们的玩耍中消解。如果说过去子女多，一个家庭、一个家族住在一起，邻居的作用还颇为有限的话，而在今天似乎并非可有可无。然而，令人忧虑的是，冰冷的钢筋和水泥就像一道无情的防火墙，弱化了邻里之间应有的交往与亲近，有的见了面只是点个头，有的冷漠得简直形同路人，有的则因一点不顺眼、不顺意便相互鄙夷。这是一种城市病，更是一种现代病，也许到时吃苦头的还是自己。

天地和则万物生。邻里和睦相处，相居心安，相遇心恬，相思心暖，相离心念，彼此不过是人生的一次"遇见"，但何尝不是一种生活的"田园"，抑或上苍的恩典！珍惜邻居、善待邻居，是境界也是在为自我聚气积福。

《韶山毛氏家训十则》中说："三家五户要相亲，缓急大家帮衬。是非与他拆散，结好不啻朱陈。莫恃豪富莫欺贫，有事常相问讯。"我等应该以此为勉！

（二）保持距离

问：邻居之间是否越亲密越好？

对：适度保持距离。《军争篇》曰："故不知诸侯之谋者，不能豫交。"

家事夹议：孙子认为，不了解各诸侯国的战略企图，就不能轻易和它结交。也就是说，对准备结交的诸侯国，应保持一定的警惕性，在充分了解它们的战略企图前保持适度的距离，防止"翻覆为患"。一个家庭与邻居相处，毕竟不是与家人或亲戚的相处，彼此之间既缺乏全面深入的了解，也没有关心关爱对方的义务，不具备相互"亲密"的情感基础。邻居相处，多是出于一种礼貌，时间再长、交往再多，建立起来的都是"客情"，而不是真正的亲情。一般说来，邻里之间的关系是经不起任何风浪的。人们常说"距离产生美"，

187

其实这话用在邻居之间的关系上最为恰当。所以，再密切的邻居关系也不应当是"闺蜜"般的关系，而应该是若即若离的关系。归结为一句话就是：邻居如树，距离有度。邻居之间相处，应做到"五个不能"。

不能随意打听邻居家的隐私。每个家庭都有不便公开、不想让别人知道的事，问询本人或向别人打听邻居家的隐私，是极不礼貌的行为。邻里之间见面问寒问暖、相互关心是应该的，但绝不能越线、过度，要尊重对方的处世方法和私人习惯，把握好什么该知、什么不该知，什么该问、什么不该问。

不能卷入邻居的家务漩涡。每家都有一本难念的经，每家都难免产生这样或那样的矛盾。邻居家出现了矛盾和冲突，彼此交往时间再长、关系再好，也不能掺和进去论长短。对方向你倾诉、求助，要静心倾听、耐心劝导，决不可"仗义执言"，火上浇油。否则，一家的矛盾就可能变为两家的矛盾。

不能有经济上的来往。人与人之间一有经济来往，就会面临着利益得失，出现经济冲突也在所难免。做买卖要讲利益，要计较得失，合适就在一起做，不合适就另觅他人，好聚好散。但邻居之间一涉及经济利益，单纯的关系就容易变复杂、变味道，你沾光、我吃亏也会影响到彼此的关系。如果有大一点的经济纠纷，两家就会产生解不开的结。要知道，经营上的合伙人可以另选，邻居是不能随意另选的。一旦出现这种状况，那就非常糟糕了。另外，邻居之间互动多了，相互之间送个礼品，甚至一起出去聚个餐，也未尝不可，但也应偶尔为之，不宜过重过频。

不能给邻居添过多的麻烦。邻里之间相互帮个忙是应该的，特别是对方有了急事需要帮助时，应在力所能及的范围内毫不犹豫地出手相助。但关系再好也不能"不把自己当外人"，动不动就给人家添麻烦，不到万不得已尽量不要打扰人家，更不能随便给人家出难题。给别人添麻烦多了，或让别人为难了，就会令人生厌，让人躲着。

不能在邻里之间搬弄是非。与邻居们相处，有的可能交往多一些，走得近一些，有的可能交往少一些，走得远一些；邻居之间，可能也有相互看不上的。但无论如何，都不能选边站队，更不能搬弄是非，成为"害邻之马"。

（三）不战为上

问：邻里之间发生纠纷怎么办？

对：不战为上。《谋攻篇》曰："是故百战百胜，非善之善者也。""知可以战与不可以战者胜。"《火攻篇》曰："非危不战。"

家事夹议：孙子认为，百战百胜并不算是高明中最高明的。知道什么情况下可以打或不可以打的，能够取得胜利。不到危急关头不要开战。孙子的这些思想，同样适用于处理邻里之间的纠纷与冲突。

人与人相处，难免会产生摩擦；邻居之间交往，难免会有纠纷。然而，邻居之间的矛盾多是由生活中的小事引起的，没有根本性的利害冲突。邻居之间有矛盾并不可怕，可怕的是让这些矛盾越积越深，由邻人变为仇人。

邻居之间应该以礼相待，互敬、互让、互助。对邻居家给自己带来的某种不利影响，以及不恰当的情绪，要有宽容的态度，推己及人，多站在对方的角度去理解，抛弃小家子气，展现出应有的大气。需要对方纠正和改进的，应心平气和地去沟通，委婉地去提醒，而不是生硬地去指责，更不能动硬动粗，得理不让人。毕竟是邻居，低头不见抬头见。邻居之间因事起了纠纷，应先从自家找问题，该道歉的要及时道歉，该改正的要及时改正。

常言说，冤家宜解不宜结。邻居之间有摩擦，还是要本着"大事化小、小事化了"的原则处理，以高姿态来控制事态的发展，绝不能把由生活小事引起的摩擦演变成激烈的冲突。现在虽然是法治社会，解不开的矛盾可以运用法律手段，但邻里之间的矛盾要尽力避免"对簿公堂"。《朱子家训》提醒后人："居家戒争讼，讼则终凶。"邻居之间一旦争斗诉讼，无论成败，都将得不偿失，谁都不会成为赢家。所以，有了矛盾还是要尽量采取调解或和解的方法。

（四）以雅还牙

问：遇到强势刻薄的邻居该怎么办？

对：以"雅"还牙。《计篇》曰："强而避之。"

家事夹议：孙子认为，敌人强大，就避开它。面对强势刻薄甚至蛮不讲理的邻居，"强而避之"也不失为一种首选之策。

多年前，朋友小徐在装修一套刚买的二手房时，发生了一个有趣的故事。他请的装修师傅在装修卫生间时，由于防水没做到位，导致往楼下渗水。楼下的女主人发现后怒气冲冲地找过来，冲着装修师傅和在场的小徐大喊大叫。他们赶紧下楼检查，发现虽然渗下来的水把邻居卫生间的一些东西弄脏了，但并没有造成什么损失，卫生可以帮着打扫，房顶渗水的地方简单做一下处理即可。小徐不停地向女邻居道歉，可邻居根本不吃他这一套，仍然不依不饶的，并扬言不赔偿1000元钱的损失不能算完。装修师傅与她"理论"，说她是在讹钱。结果女邻居态度更加蛮横，竟然破口大骂，用非常难听的话侮辱装修师傅。装修师傅也不示弱，紧握的拳头就差出手了。眼看着局势就要失控，小徐控制住自己的情绪，从衣兜里拿出1000元钱递给女邻居，并安排另一位装修师傅到楼下来帮着收拾。女邻居一把将钱从小徐的手中"夺"过来，气哼哼地去客厅了。回到楼上，那位吃了气的装修师傅怒气难消，直埋怨小徐太软弱。小徐没说什么，只是苦笑着摇了摇头。然而，让这位装修师傅和小徐想不到的是，第二天一早，楼下的男主人竟把那1000元钱送了上来，并深深地表达了道歉之意；更令小徐想不到的是，后来两家成了交往非常密切、彼此非常投缘的知心邻居。

与性情强势的邻居打交道，不能以硬对硬、以牙还牙、针尖对麦芒。他强势你更强势，他蛮横你更蛮横，只能让局势变得更僵，让事情变得更糟。毕竟真正不讲理的人少之又少，那些外表强势刻薄的人，未必就是个狠角儿。人在气头上说出来的话、办出来的事最容易出格，事后醒悟懊悔是常有的事。所以，遇上"硬茬"的邻居与其以牙还牙，不如以"雅"还牙。

唐代有寒山与拾得两位智者。一天，寒山问："今有人侮我、笑我、藐视我、毁我伤我、嫌恶恨我、诡谲欺我，则奈何？"拾得答："但忍受之，依他、让他、敬他、避他、苦苦耐他、不要理他。且过几年，你再看他。"看来，那些息事宁人，以智化人的人，才是真正的强者。

（五）冰释前嫌

问：与邻居结了怨怎么办？

对：冰释前嫌。《九地篇》曰："夫吴人与越人相恶也，当其同舟而济，遇风，其相救也，如左右手。"

家事夹议：孙子认为，吴国人和越国人互相仇视，但他们同船渡河遇上大风时，就会如左右手一样相互救援。也就是说，即便是仇人之间，特定时候也会拥有某种共同利益。邻居之间也是这样，即使存有很深的宿怨，日常生活中老死不相往来，但也不可能把两家彻底地割裂开来，因为相同或相近的地方、毗邻的居住关系，决定了两个家庭处在一个特定的利益共同体当中，不仅有着"城门失

191

火，殃及池鱼"这种隔不断的交集，也会有用得上对方的时候。两个结了怨的邻居毕竟低头不见抬头见，这怨一天不解、一想到、一见到对方甚至看到对方的一草一木，心里总会不舒服的。从优化自己的心理环境来讲，这怨也宜早点化解。

邻居之间，结怨容易化解难。结怨在一时，解怨也不必祈求一蹴而就，可以慢慢来，给自己、给对方留下雪消冰释的时间。

一要主动示好传意。如果两家谁都不肯姿态低一些，你不理我、我也不理你，那么僵局可能就会一直持续下去。如果有一方能主动示好传意，横亘在两家之间的那堵墙就可能出现松动，推倒也不过是个时间问题了。

二要请中间人牵线。一方可请双方都熟悉、都接受的人，以"偶遇"的形式，把两家合适的人约在一起。两家人突然坐在一起，当时可能会觉得很尴尬，但一来二去就会自然起来。两家人有了这个台阶下，和好如初就不难了。

三要抓住机遇攻心。有这样两个家庭，对门而居，因一家在门口乱放东西，两家大吵了一架，从此两家便有了很深的隔阂，几年的时间内谁也不理谁。有一天，一家的女主人切菜时不小心把手切了个大口子，鲜血直往外冒。女主人突然想到对门家女主人是医生，就试探着敲开了对方家的门。对门的女主人见状，赶忙帮着包扎伤口。事后，手受伤的女主人又带上丈夫专门到对门感谢。从此，两家有了更多的互动与互助，两家孩子还成了最要好的小伙伴。

雪消门外千山绿，花发江边二月晴。邻里关系需要磨合，有矛盾并不可怕，有时倒是不打不相知，不闹不相亲。

《孙子兵法》的智慧，具有鲜明的普适性，可以应用到家庭生活的方方面面，只要人们善学善思、活学活用，就一定会让自己的家庭变得更和谐、更温馨、更幸福！